记忆中原丛书

叩醒商都

郑州

总主编 赵素萍
执行主编 苏长青
本册主编 张俊峰

河南科学技术出版社
·郑州·

图书在版编目（CIP）数据

叩醒商都：郑州 / 张俊峰主编. — 郑州：河南科学技术出版社，2018.9

（记忆中原丛书 / 赵素萍主编）

ISBN 978-7-5349-8667-3

Ⅰ. ①叩… Ⅱ. ①张… Ⅲ. ①文化史 - 郑州 Ⅳ. ① K296.11

中国版本图书馆 CIP 数据核字（2017）第 207116 号

出版发行：河南科学技术出版社

地址：郑州市经五路 66 号　　邮编：450002

电话：（0371）65737028　65788613

网址：www.hnstp.cn

策划编辑：李喜婷　汪林中　冯俊杰

责任编辑：孟明明

责任校对：李振方

责任印制：张　巍

书籍设计：赵　钧

排　　版：蔡　凤

印　　刷：河南博雅彩印有限公司

经　　销：全国新华书店

开　　本：787 mm × 1092 mm　1/16　**印张**：14.5　**字数**：282 千字

版　　次：2018 年 9 月第 1 版　　2018 年 9 月第 1 次印刷

定　　价：118.00 元

不忘本来　开创未来

《诗经·小雅·吉日》曰：“瞻彼中原，其祁孔有。”

中原，本意为天下至中的原野，后来逐渐演化为泛指黄河中下游地区，也称中土、中州、华夏。在某些特定的语境中，中原又是“中国”的代名词。

中原文化是中原地区，主要是河南省的物质文化和精神文化的总称。中原文化是中华文化的母体和主干，在漫长的中国历史中长期居于正统、主流地位，中原文化一定程度上代表着中国传统文化。

河南人爱说“中”。一个“中”字，尽显中原文化的正大气象和源远流长。

中原这块沃土，不仅是东亚现代人类的主要起源地，而且自上古时期就形成了发达的农业文明，并率先跨过了“文明的门槛”。

从夏代到北宋的3000多年间，先后有22个朝代、200多位帝王在河南建都。全国十大古都河南有其四。河南曾长期是全国政治、经济、军事、文化的中心，中国古代创造发明的中心，向全国和世界传播交流文明的中心。

中华文明丰富的文化景观、文化遗存、历史文物、文化典籍和艺术珍品在中原大地比比皆是，使河南如同一座浩瀚的历史博物馆，一本看得见、摸得着的中国历史文化教科书。河南的馆藏文物、国家历史文化名城和全国重点文物保护单位数量，均居全国前列。甲骨文在这里发现，四大发明与河南关系密切，连接东西享誉世界的丝绸之路从这里起步。

水有源，树有根，人有姓。河南是中国姓氏的重要发源地，依人口数量排名的100个大姓中，有70余个起源于河南。中华传统文化通过姓氏家族延续传承，跟随姓氏漂洋过海。“贵姓”“仙乡何处”的寻常问候常常引起游子无限的乡思乡愁，也成为近年来河南根亲文化的“重头戏”。

天下名人，中州过半。在《二十四史》中，立传的名人共5700余人，仅汉、唐、宋、明四个朝代，河南籍名人就达912人。在耳熟能详的文化圣人当中，出生于河南或长期在河南活动的近30位。谋圣姜太公、道圣老子、墨圣墨子、商圣范蠡、医圣张仲景、科圣张衡、字圣许慎、诗圣杜甫、画圣吴道子、律圣朱载堉，等等，都是中华文化发展史上的不朽丰碑。

中原文化门类齐全，博大精深。文学星空，河南人星光璀璨；武术杂技，少林太极称双雄；婚丧嫁娶，人生礼仪在斯；梆弦声里，地方戏风靡大河南北。洋洋洒洒，中原书风千载传承；丹青妙手，河南画苑代有佳作……

中原文化之于中华文化，就内容讲，是最基础、最基本的部分；就特点讲，是最具代表性的部分；就历史发展过程讲，是最具贯穿性的部分；就地域讲，是最具影响力的部分。中原文化具有根源性、原创性、包容性、开放性等诸多特质，开放与包容使得中原文化具有绵绵不绝的生命力与创造力。

中原地处“天地之中”、华夏腹地，九州通衢的独特地理位置决定了中原文化始终处于与外部文化的交流融合当中，这种交流与融合影响到中原文化的方方面面。

早在新石器时代，中原文化便成为推动中国境内各种文化交汇的强大动力，加快了中华文明的进程。

夏、商、周三代是中国历史上的重要时期，其时中原和周边地区交流融合、相互促进，奠定了中华文明形成和发展的基础。汉代，中外贸易频繁，形成了后人熟知的丝绸之路，洛阳成为丝绸之路的东方起点。隋唐时期，洛阳是当时的国际性大都市之一，成为了东西方文化、贸易交流和传播的中心。以开封为中心的北宋文化，以丰厚的底蕴、深邃的思想、恢宏的气势、绚丽的色彩，把中原历史文化推向高峰。唐宋之际，中原文化通过丝绸之路、大运河及海上丝绸之路跨出国门，影响波及亚洲乃至世界。

古往今来，无数中原的思想家，用自己的思考深刻地影响着历史的进程，成为中国思想文化的主干，并对世界文化产生了很大影响。西方许多杰出人物如伏尔泰、狄德罗、托尔斯泰等都曾受到《道德经》的影响。而在中原的腹地嵩山脚下，儒、释、道“三教合流”，经过千百年的融汇发展，儒、释、道三种文化已经深深熔铸在我们民族的生命力、凝聚力和创造力之中。

中华文化革故鼎新、生生不息的生命力，源于中华文化与周边文化持续不断的碰撞和融合。

梁启超先生曾指出，中原的中国经过秦汉一统，成为中国的中国；中国的中国经由与印度、日本等接触，成为亚洲的中国；近世以来，中国进入世界舞台，与欧美竞争，而成为世界的中国。

从世界范围来看，不同文明之间的碰撞与交流成为世界历史发展的主要动力；从中国范围内来看，中原文化与周边文化的互动奠定了中华文化的根基；从中原范围内来看，以嵩山周围为核心的河洛文化与周边文化的融合助推中原文化茁壮成长。

八方风雨会中州。目前河南共有18个省辖市，每个市都有其独特的文化，尤其是一些与外省接壤的省辖市，更是中原文化与周边文化交流碰撞的前沿。南阳的“楚风汉韵”、信阳的“豫风楚韵”久负盛名，三门峡与秦晋文化的交汇，安阳、鹤壁与燕赵文化的融通，濮阳、商丘与齐鲁文化的交融，周口、驻马店与江淮文化的互动，焦作、济源与三晋文化的交流等，都形成了地域文化的独特小环境。这些区域文化之间的开合、融通铸就了中原文化的生命力。

冠八枢而奠中原，得中原者得天下。

中原文化，出彩千年！

习近平总书记提出，让中原更加出彩。

河南在全面建成小康社会的快车道上，始终不忘提升中原文化的整体实力和影响力。从“加快文化资源大省向文化强省跨越”，到 “加快建设文化强省”，再到 “加快构筑全国重要的文化高地”，这种渐次提升既契合党中央关于强化文化发展的新理念、新思想、新战略，又体现了河南省委对文化建设的高度重视。

从中原崛起到建设经济强省，博大精深的中原文化始终是河南最为倚重的资源之一；从华夏历史文明传承创新区到全球华人精神家园和心灵故乡的打造，中原文化已经、正在，而且还将要以更加丰富多彩的形式、手段被挖掘、整理，传承和创新。

党的十九大报告指出：推动中华优秀传统文化创造性转化、创新性发展，继承革命文化，发展社会主义先进文化，不忘本来、吸收外来、面向未来，更好地构筑中国精神、中国价值、中国力量，为人民提供精神指引。

多年来，依托厚重的中原文化，河南的文史研究、新闻出版、广播影视等部门进行了卓有成效的工作，取得了丰硕的成果。经过充分调研，中共河南省委宣传部决定组织全省各省辖市市委宣传部编纂大型精品文化普及读物“记忆中原”丛书，一套19卷，分为《品读中原》以及18个地市卷。丛书围绕中原文化精华这条主线，选择各地文化经典和精要，系统梳理河南地域文化特色，全面展示中原文化风貌，讲好中原故事，传播中华文化，凝聚中国力量。“记忆中原”丛书作为一种融媒体出版物，融合多种媒体形式，书籍与文创产品并重，文化与旅游资源嫁接，这种创新的出版方式是中原文化更加出彩的一种生动体现，也为中原更加出彩提供精神力量。

天下中原，老家河南。

中原是一座“文化的活态博物馆”。河南堪称全球华人的根亲文化圣地。与其在远处仰望，不如到中原走访。真诚希望读者朋友能从书中感受到中原文化的魅力，更期望朋友们以这套丛书为“路标”，到河南走走，回老家看看。厚重河南欢迎您，壮美中原欢迎您。

“记忆中原”丛书编委会

2018年7月

目录

谈古说今

要事回放

KOUXING SHANGDU ZHENGZHOU

名人扫描

古城印象

——残垣断壁下的文明驿站 79

考古探秘

——追溯文明的发现之旅 99

胜景掠影

——钟灵毓秀的山魂水魄 129

名品荟萃

——中原沃土物聚产丰 153

“非遗”概览

城市名片

——郑州走向新世纪的文化标杆　189

本书音频资源列表

音频名称	来 源	对应页码
大禹的传说	原创	24
创世明主——成汤	原创	25
关虎屯	原创	26
金水河的传说	原创	27
凤凰台大米的传说	原创	27
鸿鹄之志	原创	29
官渡之战	原创	30
刚正不阿的中牟县丞皇甫德参	原创	33
武则天封嵩山	原创	34
火烧秦桧的传说	原创	34
八郎寨与八郎寨南地	原创	35
黄帝传说	原创	42
许由传说	原创	44
掘地见母——郑庄公黄泉见母	原创	45
春秋小霸郑庄公	原创	45
爱国商人弦高	原创	46
子产的故事	原创	47
御风而行——列子	原创	49
潘岳的传说	原创	53
白居易传说	原创	58
高拱的传说	原创	61
达摩渡江	原创	130
达摩面壁	原创	130
少林武僧抗倭寇	原创	131
断臂求法	原创	131
嵩阳书院将军柏	原创	135
郭守敬测天	原创	136
楚河汉界——象棋文化的传说	原创	149
射日英雄后羿的传说	原创	150
中牟西瓜的传说	原创	157
嫘祖的传说	原创	175
孔子回车庙的传说	原创	184
十三棍僧救唐王	原创	199

相关视频资源列表

视频名称	来 源	对应页码
郑州城市宣传片——感官郑州（2018）	原创	2
叩醒商城	*探索发现	4
食为民天话郑州	*百家讲坛	11
三国名将曹操之官渡之战	*百家讲坛	30
武则天金简的发现（上）	*百家讲坛	33
武则天金简的发现（下）	*百家讲坛	34
花园口事件	*纪念抗战胜利65周年特辑	37
子皮让政子产	*百家讲坛	47
国相翘楚子产	*人文地理	48
杜甫	*百家讲坛	55
白居易	*百家讲坛	57
龙	原创	70
许	原创	70
夏	原创	71
郭	原创	71
管	原创	72
冯	原创	72
郑	原创	73
段	原创	74
韩	原创	75
何	原创	76
大河村遗址博物馆	*探索发现	107
莲鹤方壶	*内蒙古电视台 国宝那些事儿	120
嵩山	*人文地理	190
甲午年黄帝故里拜祖大典	*河南电视台、郑州电视台	195
护国少林	*走遍中国	197

* 请登录央视网查找相关资源观看。

谈古说今

——中心城市『郑』当时

有人说郑州是火车拉来的新兴工业城市，但您可知道，国家把东亚现代人类起源研究和中华文明探源工程的重点放在了以郑州为中心的嵩山地区。在中华文明探源工程预研究的九个重点项目中，河南有8个，郑州占据了5个：巩义市花地嘴夏代城址、荥阳市大师姑古城址、新密市新寨城址、登封市王城岗城址、登封市南洼环壕遗址。

郑州为什么会成为东亚现代人类起源、早期农业起源、中华文明起源研究的核心区域呢？这与以郑州为中心的嵩山地区早期适宜的气候、独特的地理环境、便于通达四面八方的中心位置等因素有关，而这些综合因素的改变决定了郑州在中华文明历史进程中的早期辉煌、后期沉寂、现代的崛起及未来的复兴。

清代末年，京广、陇海铁路为什么选在郑州交会？

中华人民共和国成立伊始，河南省省会为什么从开封迁到郑州？

国家支持郑州建设国家中心城市和国际性综合交通枢纽，其背后又有怎样的考量？

郑州城市宣传片——感官郑州（2018）

• 古老郑州　五代为都八为州 •

郑州是河南省省会，是全省的政治、经济、文化、金融、科教中心。郑州地处中华腹地，史谓“天地之中”，古称商都，今为绿城。1928年3月建市，现辖6区5市1县及郑州航空港经济综合实验区、郑东新区、郑州经济技术开发区、郑州高新技术产业开发区。全市总面积约7446平方千米，人口近千万，市区面积1010平方千米，建成区面积437.6平方千米，城镇化率69.9%。郑州是中国历史文化名城、中国优秀旅游城市、国家卫生城市、国家园林城市、全国绿化模范城市、全国科技进步先进市、全国双拥模范城市、全国文明城市。2017年，国家明确提出支持郑州建设国家中心城市，在国务院印发的《“十三五”现代综合交通运输体系发展

郑东新区

规划》中提到，要建设郑州等国际性综合交通枢纽。郑州已经走出了河南，今后还将要走向世界。

郑州是全国著名的历史文化名城。历史上，夏、商、管、郑、韩建都于此，隋、唐、五代、宋、金、元、明、清在此设州。

历史沿革

约公元前3000年，中华人文始祖黄帝建都于有熊（今新郑市）。

公元前21世纪，中国历史上第一个朝代——夏朝建立，建都于阳城（今登封市）。郑州地区在相当长一个时期内，曾处于国家政治的中心地区。

公元前16世纪，商王成汤居亳（今郑州商城）。

公元前11世纪，西周灭商后，周武王将其弟叔鲜封于管（今郑州市区），当时周王在郑州地区的封国，除管外，还有郐、东虢、祭、密等。

春秋战国时期，郑、韩先后在新郑建都，长达500多年。

秦汉时期，郑州地区始置荥阳、巩、京、新郑等县。之后，历代先后在郑州地区设置荥阳郡、北豫州、荥州等。

隋开皇三年（583年）将荥州改为郑州，郑州作为州一级行政区名称，开始用指今郑州地区。

唐贞观七年（633年）“自武牢移郑州理所于管城”，此后一直到明初，郑州治所均设于管城县。

北宋建都汴京后，郑州属京畿路，崇宁四年（1105年）建为西辅，成为宋代四辅郡之一。

金代，郑州隶南京路（治今开封市）。

元代郑州属汴梁路。郑州仅领管城、荥阳、汜水、河阴4县。

明朝初年，郑州划归开封府。

清代，郑州两次升为直隶州。

1913年改郑州为郑县。1928年改郑县为郑州市。1933年为河南省第一行政督察专员公署驻地。

1948年10月中国人民解放军接管郑州，设郑州市。

1954年河南省人民政府由开封迁入郑州，郑州成为河南省省会。

• 考古郑州　文明探源斯为重 •

说起郑州历史上早期的辉煌，有些外地人并不以为然，个别人还以“郑县”视之，比较流行的说法是，郑州是一个火车拉来的现代工业城市。

然而，自20世纪50年代开始，关于郑州地下考古大发现的新闻却接二连三，令人震撼。

“嵩高惟岳，峻极于天”（《诗经·大雅·嵩高》）。

主体在郑州区域内的嵩山是中国最古老的山脉之一。30亿年前，嵩山率先冲出大海，成为欧亚大陆最早的陆地。嵩山地质史上的太古代、元古代、古生代、中生代

叩醒商城

和新生代五个时代的地层层序清晰，被称为“五代同堂”的“天然地质博物馆”。2004年2月13日被联合国教科文组织地学部评审为“嵩山世界地质公园”。

与嵩山的地理相比，嵩山文化辐射的地域更广，早期人类在嵩山地区遗留了极为丰富的古文化遗存。

仅就目前郑州市所管辖的区域而言，古文化遗址星罗棋布。

郑州地区以荥阳织机洞、登封西施、新郑赵庄、二七区老奶奶庙、新密李家沟等为代表的400余处旧石器时代遗址，在距今3万至5万年的嵩山东麓的广泛分布与发现，填补了过去中原地区，以及东亚大陆这一阶段旧石器文化发现的空白，为研究现代人类及其行为在东亚地区的出现与发展提供了一个非常重要的新视角。郑州地区史前遗存的完整链条和一系列重要考古发现，奠定了郑州地区作为东亚地区现代人类起源与农业起源研究的核心地区地位。

在中华文明探源工程预研究的九个重点项目中，郑州占据了五个，由此可见郑州在中华文明起源与形成过程中的重要地位。

新密李家沟遗址发现了中国最早的陶片，旧石器时代由此开始向新石器时代过渡。

新郑唐户遗址9000年来未曾中断，堪称中国最古老的村落。

距今5500年前的荥阳青台遗址发现了中国最古老的丝绸。

5000多前的西山古城是目前发现的中国最古老的城池。

登封王城岗遗址是中国历史上第一个王朝“夏”的第一个都城“阳城”。

3600年前的郑州商城遗址出土的原始青瓷尊是目前发现的最古老的瓷器。

这些考古大发现，重新书写了中国文明史，也向人们展示了一个现代人完全不了解的郑州。

城市是中华民族进入文明时代的重要标志之一。近年来的考古发现证明：郑州是我国城市萌芽最早、发展链条最为连续、对我国城市发展影响最大的地区之一。

从当前已知年代最早的夯筑城址——仰韶时期的西山古城在郑州出现，经过登封王城岗、新密古城寨、新郑人和寨龙山城的发展，到夏商周时期，郑州已经是东赵城址、望京楼城址、大师姑城址、郑州商城、娘娘寨城址、华阳故城、阳城城址、京襄城、苑陵故城、郑韩故城、荥阳故城、黄城故城、常庙城址、平陶故城、汉霸二王城等近30座城池繁盛集聚的地区。尤其是郑州商城遗址，不仅是目前我国时间最早、保存最为完整的王朝都城遗址，而且从商代至今，历经3600年，城市基址从未迁移，城市文明从未中断，堪称世界罕见。

目前，郑州地区考古发现的仰韶晚期至汉代的城址数量多达40余座，是探讨城市起源与中国传统城市趋于成型的重要地区，这也是郑州历史文化遗产区别于其他的另一个核心价值。

北京大学考古文博学院、郑州市文物局等编制的《郑州大遗址片区保护利用战略规划》对郑州地区文物资源的核心价值进行了提炼总结：郑州地区是东亚现代人类出现到农业起源的核心地区、是华夏文明起源与形成的核心地区、是中国城市文明最早走向繁盛的核心地区、是华夏传统文化体系形成发展与多元文化汇聚交融的核心地区。

传承之有序，环环之相扣，展示了中华文明肇始、形成、发展的完整过程，以凿凿实物向世界宣示了中华文明之源远流长。郑州考古大发现不仅时代早，而且分布于中华早期文明阶段的各个历史时期，形成了完整的文明发展链条。

2004年11月5日，经中国古都学会选评，郑州成为继西安、北京、洛阳、开封、南京、安阳、杭州之后的中国第八大古都。

正如外交部前部长李肇星所说，了解30多年的中国要去深圳，了解100多年的中国要去上海，了解1000多年的中国要去北京，了解3000多年的中国要去西安，了解5000多年的中国要来河南、到郑州。

• 寻根郑州　四海华人拜轩辕 •

郑州市现辖的一个县级市叫新郑市，是文献中记载的5000年前的有熊之墟，是有熊部落的所在地。轩辕黄帝是这个部落的首领。

轩辕黄帝作为中华民族的共同始祖，在中华民族拥有极高的心灵和信仰地位。我们之所以被称为炎黄子孙，也是从轩辕黄帝和炎帝的丰功伟业开始的。

"三月三，拜轩辕"。春秋战国以来，每到这一天，华夏子孙都会来到黄帝出生、创业、立国、建都的新郑寻根谒祖，唐朝以后逐渐形成较为严谨的规制，一直绵延至今，从未中断，成为中华文明薪火相传、生生不息的重要载体和纽带。

黄帝是中华民族血脉之根，从黄帝诞生的姓氏，衍生为中华民族的主要姓氏。统计显示，前100个中华大姓中，83个直接起源于河南，98个姓氏的郡望地在河南，涉及当代华人的90%。也就是说，90%的华人的姓氏起源与河南、与郑州有关。

每年农历"三月三"举办的"黄帝故里拜祖大典"2008年被国务院确定为第一批国家级非物质文化遗产扩展项目，经过10多年的培育，拜祖大典已成华人世界极具影响力和标志性的文化名片。黄帝故里正在成为"世界华人拜祖圣地，中华民族精神家园"，而"同根同祖同源，和平和睦和谐"，不仅是大典的延续主题，更凝聚了海内外亿万华人共同的民族情、不变的中国心。

• 禅武郑州　少林美名天下传 •

河南人爱说"中"，从中原到中国，都带了一个"中"字。

在中国传统的宇宙观中，中国是位居天地中央之国，而天地中心则在中原，中原的核心则在郑州的登封，因而这里成为中国早期王朝建都之地和文化荟萃的中心。

周公测影，认定登封市告成镇是天地的中心。"天有心地有胆，天心地胆在告县"，"天地之中"的说法就这样产生了。夏、商都曾定都于此。

西周时期青铜器"何尊"的铭文中，人们就把"到嵩山地区来"，称为"宅兹中国"，这是区位意义上的"中国"一词第一次出现在文献中。虽然历史上的国名以朝代定名，"中国"仅是区位上的空间定义，但郑州地区以"中"为特征的文明在中华民族中却是根深蒂固的。1911年辛亥革命后，以源起郑州的"中"为基础，改"大清国"为"中华民国"，简称中国，"中国"正式以国家的名称响亮世界。在中原地区为核心经过近万年的沉淀、发展而成的中国文明也被世人称为"中华文明"。

嵩山地区不仅是中国早期王朝的建都之地，而且在相当长的历史发展进程中，一直处于全国政治、经济和文化的中心区域，在中华文明起源和民族形成过程中起着主导作用。儒、释、道“三教合流”，在这里共荣共生。中国本土化的佛教禅宗诞生在这里，少林寺成为禅宗的祖庭。中华武术中体系最庞大的门派——少林武术也在此发扬光大、走向世界。

唐初，少林寺十三僧人因助李世民讨伐王世充有功，受到唐朝封赏，而被特别认可设立常备僧兵，因而成就少林武术的发展。少林功夫是一项综合的武术体系，讲究的是“禅武合一”。少林寺因武艺高超，享誉海内外，少林一词也成为汉族传统武术的象征之一。少林武术作为一种人文文化和人体形态文化或是作为健身、御敌、竞技在中国早已家喻户晓，已成为中华文化的宝贵遗产。

20世纪80年代，电影《少林寺》风靡全球，拉开了少林武术走向世界的帷幕。近年来，少林寺开办了相当数量的海外文化中心，“以武弘法”，走出国门，寻求新的交流和融合，创造新的文化高点。

• 商业郑州　中原自古重商贾 •

3600年前，商王朝把都城定在郑州，就把商族人、商朝、商业“三商”文化的基因融入到了这片土地上。

商朝是商族人建立的当时世界上为数不多的奴隶制国家，商族人历来重视商业和贩运贸易，史料记载夏代时商族人王亥就牵牛驾车到远方进行贸易。

到了商代，疆域广大，手工业发达，位于现今郑州的商都交通四通八达，为商业活动创造了良好的条件。

早期的贸易大多是以物易物的实物交换，随着贸易量的增加，产生了货币。夏代已有用贝作为货币的可能，到了商代，贝币在商品交换中发挥作用已是确凿的事实了。

在郑州一带和安阳殷墟的商代遗址历次发掘中，都有大批海贝出土。郑州白家庄的一个早商墓里，就有460多个海贝，贝的背面钻有小孔以便贯穿成“朋”。在甲骨文和铜器铭文中经常出现“得贝”“朋来”之类的记录，正是商代商业活动得到加强的一个佐证。

周取代商之后，“牵牛车、远服贾”成为殷商遗民被特许从事的社会活动。在丧失土地的情况下，经商成为殷商遗民最主要的谋生手段，因而也使“商人”成为经商者的代名词。

周代商品交易活动日益频繁，骨贝和铜贝作为货币流通，“士农工商”的社会分工已经形成，商人们“聚族而居，职业世袭”。春秋战国时期，出现了富足的巨商和繁荣的商业中心，郑国就是以商业闻名的诸侯国之一，因其重视商人与商业，经济实力迅速增强，成为春秋五霸之一。

说起春秋战国时的商人，郑国人弦高是其中知名度较高的一位。

在《左传》的记载中，郑国人弦高本来要到洛阳去做生意，但在途中遇上了前去偷袭郑国的秦军，他当机立断，诈称自己是郑国国君派出的使者，用四张熟牛皮和十二头牛来犒劳秦军。结果秦国军队认为郑国已经有了准备，就打消了袭郑的念头，撤军回国。

在《左传》成公三年记载中，还提到郑国的一位商人。当时正值晋、楚两国交战，晋国的大将荀罃被楚国俘虏，这位郑商打算营救他。恰逢晋、楚两国谈判和好，荀罃被楚国释放，计划才没有实施。后来这位郑国商人到晋国做生意，荀罃热情款待他，如同真正救过自己一样。但是这位郑商婉言谢绝，又到齐国去做生意了。

从这两个商人身上，我们可以看到郑国商人的社会地位很高，不仅与各国贵族之间有比较密切的联系，而且具有强烈的爱国心和独立的商业品格。

郑国的商人地位很高，是有历史渊源的。

《左传》昭公十六年记载，晋国的执政大臣韩起在郑国访问，想强买郑商的玉环，遭到郑国执政大臣子产的拒绝，子产对韩起说，郑国以商业立国，国君和商人立有盟誓，要保护商业自由，不能强买强卖。如果您非要那么做，您就得罪郑国了。由此可见，郑国王室与商人的关系非同一般。

郑国的商人“出自周”，而这些“出自周”的商人的祖先，却是在西周初年被迁至成周的殷商遗民。这些殷商遗民回到了商人祖先立国的地方，对故土的厚爱也是情理之中。

郑州的名字得之于郑国，郑国人的商业天赋也随着郑州独特的地理位置浸入到历代郑州人的血脉中。

商都风华今何在，往昔烟云堪回首。

唐宋时期，郑州因为大运河的通航便利而成为商业繁盛的“八大名州”之一。

近代以来，随着郑州成为京广、陇海两大铁路的交会点，商业再度兴起，围绕着火车站，一条条商业街陆续形成，各行业百花齐放，各具特色。

20世纪90年代，由“亚细亚”等引起的中原商战“横空出世”。这次商战是郑州商业史上的一个高峰，也是中国商业的一个经典。当时郑州商业企业的活力之强、竞争之激烈全国罕见。中原商战打破了传统的计划经济体制，可以称之为中国现代商业发展的奠基石。

作为国务院确定的3个商贸中心试点城市之一，郑州如今已经成为全国著名的现代化商贸城市。随着“航空港区”建设融入国家“一带一路”战略，郑州的商贸前景不可限量。

• 诗文郑州　唐诗宋词和郑声 •

“出其东门，有女如云”；“一日不见，如三月兮”。

提到《诗经》，就不能不说“郑风”。

郑国商业的繁盛，带来了文化的繁荣。郑国人民创造了一种具有地方色彩的新曲调，激越活泼，抒情细腻，“郑卫之音”作为新兴音乐的代称被后世广泛使用。

“男女亟聚会，声色生焉”不但是“郑声”繁盛的原因，同时也造就了《郑风》作品内容的基本风格。《郑风》中的二十一首作品，除《缁衣》《清人》《羔裘》等数诗之外，绝大部分为男女之间的情思歌唱，保留着浓郁的商业文化的痕迹。

如果说郑州人在《诗经 · 郑风》中意蕴悠长的吟唱，助推起中国文学发展的第一座高峰，那么唐代郑州诗人的笔墨，完全够得上书写一座古典诗的“珠穆朗玛”——杜甫、白居易、李商隐、刘禹锡、郑虔、李颀、崔曙……难以想象，如缺少这些郑州诗人的身影，唐诗的画卷该多么失色。

唐宋时期，郑州不仅继续着原来陆路交通的便利，而且增添了隋唐大运河的舟楫之便。隋唐时代，顺着黄河东西向交通要道形成了一条诗歌走廊，郑州是其中重要的节点。

几乎所有著名的唐朝诗人、宋代词人都曾是这条“诗歌走廊”的过客。王维“朝与周人辞，暮投郑人宿”，将郑州郊外的田野写得清新淡远，如诗如画。李白在嵩山长吟“君不见黄河之水天上来，奔流到海不复回”。苏轼前往陕西任职，弟弟苏辙从开封一直送到郑州西门外，兄弟俩在今天的郑州市中原路一带依依不舍。

出生并成长在巩义的杜甫从为民代言的“三吏”“三别”，到《茅屋为秋风所破歌》《春望》等诗作均以现实主义手法深刻反映唐朝由兴盛走向衰亡时期的社会面貌，激荡着热爱祖国、热爱人民的炽烈情感和不惜自我牺牲的高尚精神，他的作品也由此成为“诗史”。同样出生成长在郑州新郑的另一位诗坛大家白居易，其诗作通俗易懂，“童子解吟《长恨曲》，胡儿能唱《琵琶行》”是白诗艺术成就和影响力的生动体现。“家本荥上，籍占洛阳”，念念不忘自己是郑州荥阳人的刘禹锡，一生仕途跌宕，然从未自甘沉沦。“檀山荥水，实为我家”的李商隐，登“郑州八景”之一的夕阳楼，感怀身世写下《夕阳楼》诗：“花明柳暗绕天愁，上尽重城更上楼。欲问孤鸿向何处，不知身世自悠悠！”

唐诗三大家，郑州有其二。他们率领众多“郑家军”筑成实力强劲的“郑州方阵”，在灿若繁星的唐诗诸名家中引吭高歌，引领中国古代文学迈向诗作的妙境。

从不毁乡校的郑国子产到明代改革家、理学家高拱，从西晋才子潘安到当代著名作家魏巍，从激越活泼的“郑风”到人民艺术家常香玉，从郑国都城东门外的“对歌”到近代郑州老坟岗的“曲棚林立”，郑州的文脉一直在流传。

• 饮食郑州　五谷种植数千年 •

考古发现的都是冰冷的遗址，古代郑州人的生活一直是人们关心的话题。

民以食为天，古代郑州人吃什么呢？

远古时期，郑州地区温暖的气候，山区、丘陵、平原、河流交织的地形，为古人提供

食为民天话郑州

了可供采摘、渔猎的丰富食物。

由于人口的不断增多，森林及草原遭到破坏，野生动物栖息地缩小，导致人们狩猎资源逐渐减少。这就促使人们扩大家畜饲养，以弥补依靠狩猎活动不能满足的肉食来源。同时，更多的人口不得不从狩猎活动中脱离，转而投入到农作物种植业。大河村遗址从仰韶文化中期到龙山文化晚期，石器中农耕工具的所占比例趋势逐渐增多，而渔猎工具却逐渐减少，就是农业文明逐渐发达的例证。

仰韶文化时期，郑州地区气候温暖湿润，季风较强，雨量充沛，土壤类型多样化，创造了粟、黍、小麦、稻与大豆等农作物品种“五谷”兼收的农业经济。

大河村遗址出土有粟和高粱等栽培作物的种子；新砦文化时期的新砦遗址浮选出了一批植物籽实，初步观察有水稻、小麦、粟、豆类等；登封王城岗遗址龙山文化四期的一件陶鼎中出土有约半斤的炭化粟粒。尤其值得一提的是，在新砦遗址等多个遗址中发现有小麦遗存，说明郑州地区是我国较早种植小麦的地方。小麦是高产作物，有学者认为小麦代替小米成为主要粮食作物是一场农业革命。

中国在文明起源、形成，以及早期发展过程中存在着两种农业体系，即黄河流域以粟作为主的旱地农业和长江流域以稻作为主的水田农业。但是，郑州地区因其独特的地理位置和气候条件，在很早的时候人们就开始了水稻的引进与种植。

人文始祖黄帝教民种植五谷，开启了农耕文明的序幕。从此，以郑州为中心的黄河中下游地区成为我国历代最重要的粮仓，汉唐时粮食产量曾占到全国粮食产量的三分之一。考古工作中曾发现过大量的汉代陶仓楼，就是汉代农业发达的证据之一。汉、隋、唐虽定都长安，但都发生过皇室“东就食”洛阳、郑州的事例，武则天定都洛阳，粮食问题也是其重要的因素之一。清朝末年，慈禧太后逃难西安，回程时路过郑州，得到了巩义康家的慷慨资助。“康百万”从此名扬天下，成为民间“活财神”之一，康百万庄园也成为北方最具代表性的庄园之一。

在郑州这块土地上，曾发生过围绕粮食的战争。汉末，曹操和袁绍在郑州中牟官渡进行大战，曹操派人到乌巢烧了袁绍的粮食，切断了袁绍军队的补给，从而取得了官渡大战的胜利。隋朝曾在巩义的黄河边上兴建兴洛仓，这是全国最大的粮仓之一，并派重兵把守。瓦岗军以奇袭战术一举攻克兴洛仓，开仓放粮，壮大了起义军的声势，加速了隋朝的灭亡。

农耕文明奠定了中华文明的主色调，民以食为天，饮食文化不仅影响到了中国的政治、经济、文化等方方面面，而且浸入到了中国人的血脉中。

郑州便捷的交通非常有利于四面八方食品的引进与推广。郑州的街头，可以看到全国各地的美食。郑州“一年喝倒一个酒牌子”的说法不仅印证了郑州饮食业的发达，而且反映出郑州人包容、开放的性格与精神。

嵩山脚下、黄河之滨，先祖们曾胼手胝足地仗耒耜，种粱粟，张网罟，驯家畜。薪火相传，绵延数千年。在新时代，随着历史的发展，郑州与时俱进，成为河南农业最为发达的地区。如今，几千年来以家庭为单位的分散生产、养鸡种菜的农业经营方式，在郑州的大部分地区已经消失，以专业化生产和规模经营为特征的现代农业格局已经初步形成，郑州的农业正在从传统农业向现代农业快速转变。

• 营造郑州　建筑遗产种类全 •

吃得丰富，住也要有讲究。

郑州人在每个历史阶段都表现出了天才的智慧，建造并保留下许多不朽的建筑经典。

如果说荥阳织机洞是远古人类在渔猎采集时期利用天然洞穴来栖身的实例，到了新石器时代定居生活开始之后，郑州地区古代先人就开始有意识地建造房屋、宫殿、城池、桥梁、宫观、塔林、墓葬等。从9000年前唐户半地穴式居所到6000年前大河村“木骨整塑”房屋，从4300年前古城寨廊庑式宫室建筑到3400年前小双桥高台夯土宫殿，从2000年前礼制建筑汉三阙到1500年前宗教建筑嵩岳寺塔，从700年前科技建筑观星台到400年前教育建筑嵩阳书院，从官式建筑中岳庙到民间府宅康百万庄园，郑州地区历史建筑遗存跨越时代之长、种类之丰富、价值之巨大、数量之众多，为全国所仅见，构成了一部实例中国建筑史。

郑州人不仅用自己的聪明智慧建造了一个个彪炳千秋的建筑精品，而且总结出了影响深远的建筑理论。为了规范和促进建筑的发展，宋代郑州人李诫在总结前人的基础上，编写了《营造法式》一书，成为世界上第一部建筑法典，奠定了中国古代建筑的基本格局，极大地影响了中国建筑的发展方向。

2010年8月，天地之中历史建筑群被列入《世界遗产名录》，列入的建筑共8处11项：观星台、中岳庙、太室阙、启母阙、少室阙、会善寺、嵩阳书院、嵩岳寺塔、少林寺常住院、塔林、初祖庵等。历经汉、魏、唐、宋、元、明、清，构成了一部中国中原地区上下2000年形象直观的建筑史，这组建筑类型之多、规格之高、历时之久、内涵之丰富、影响之深远，为世所罕见。它们是中国古代礼制、宗教、科技和教育等建筑类型的杰出代表，是中国古代建筑技术和建筑艺术漫长发展的滥觞，更是中国先民独特宇宙观和审美观最真实、最深刻的反映。

古人留下的优秀建筑不仅本身是一颗颗璀璨的明珠，而且为当代建筑提供了取之不尽的营养。郑州很多现代地标性建筑都有古代建筑的影子，如郑东新区的千玺广场（又称“玉米楼”）取材于嵩岳寺塔、河南博物院造型得之于观星台、郑州市博物馆造型仿佛商代方鼎、河南艺术中心则是古代陶埙和骨笛的融合。

9000年建筑遗存的传承有序，累累遗构的多彩与丰富在中国古代建筑史上独享尊荣。

人类从使用天然的石器、木器、骨器发展到人工烧制陶器、瓷器是一次质的飞跃。

中国是陶瓷之国，目前考古发现最早的陶片出土于郑州新密市李家沟遗址，距今10000年左右，这个遗址的发现清楚地展示了中原地区从旧石器时代之末向新石器时代发展的历史进程，填补了我省旧石器时代晚期文化与新石器时代早期裴李岗文化之间的缺环。在新密市莪沟遗址出土了最原始的就地围烧陶器的基址。裴李岗文化、仰韶文化、龙山文化时期，郑州境内的诸多遗址出土了精美的彩陶、黑陶。

在郑州商城遗址，考古工作者发现了原始瓷器，不仅为我国的陶瓷业发展史谱写了光辉的篇章，而且证明我国是世界上最早烧制瓷器的国家。

隋唐时期，郑州地区交通便利尤其是水运的便利催生了发达的陶瓷产业，巩义窑、密县西关窑和登封曲河窑等都非常有名。巩义窑不仅生产著名的唐三彩，而且是国内创烧白瓷最早、水平最高的窑口之一，在唐三彩、白瓷的基础上创造性地烧制出了青花瓷器，成为我国青花瓷的故乡。

郑州地区除了陶瓷业发达外，还有瓷土、煤炭等资源，更重要的是水陆交通便利，不仅可以做国内贸易，还能做国际贸易。大量唐三彩产品溯洛水向西可达东都洛阳和京师长安，再通过陆路可以一路向西。巩义窑的陶瓷器顺大运河向东，直通华北大平原和江南各地，通过当时重要港埠、国际商贸城市扬州，可直航海外。印度尼西亚发现的唐代沉船“黑石号”就发现了数百件巩义窑瓷器，其中包括青花瓷器。扩展产品海外销路，适应国际市场需求成为青花瓷产生的催化剂。

唐宋之后，郑州地区陶瓷业衰退，与隋唐大运河的废弃有很大的关系。

如今的郑州陶瓷业虽没有恢复昔日的荣光，但却以耐火材料、磨料磨具铸起新的辉煌。

• 枢纽郑州　自古称十省通衢 •

以郑州为中心的中原地区具有承东启西、北接南联、维系四方的地位，素有“九州心腹、十省通衢”之称，郑州这种“天下之中”的位置和便利的交通，易于与周围地区进行信息沟通和广泛的文化交流。

从传统的陆路交通来看，今天的京广铁路、焦柳铁路等路线，历来是中国南北交通的要道，夏商周时期，沿今京广铁路南下，既是三代王朝获取铜矿原料的“铜道”，也是三代王朝文化扩展的主要方向。古代南北交通的另一条大通道“夏道”也是从荆楚经南阳、郑州再往北往西。沿黄河及陇海铁路延伸的大通道，是古今东西交通的大动脉。古代中原河网密布，辅之以人工开凿运河，从而形成了较为便利的水上交通网络。

沿黄河的东西大通道从郑州向西，不论水路还是陆路，均为孔道，在今郑州一带，始呈喇叭口放射状。这样的地理形势，决定了古代郑州的交通地位：陆路的虎牢关，水路的黄河引水口，都是天造地设的交通枢纽。自战国到唐宋，鸿沟、汴渠、通济渠里承载舟楫往来的水，都是从黄河分流而来的，历史上引黄水口屡经变迁，有荥口、石门、汴口、板渚等，都在郑州地域，具体说，都位于广武山之北。山川形势，令郑州坐落在水运交叉口上，成为舟楫往来的必经之地。有专家提出“郑州荥泽枢纽”说，认为郑州是中国运河航运史上不可或缺的转输枢纽，具有重要的战略地位。

郑州段运河是运河与黄河交汇的枢纽，独特的运河文化与古老的黄河文明在此交汇、发展，使灿烂的中原文化更具特色，也成就了一批重要城镇，如秦汉时期的重镇荥阳、隋唐时期的大型官仓洛口仓和因运河航运而兴盛的康百万庄园和巩义窑址等，这不仅是郑州段运河枢纽地位的历史见证，也是对其辉煌历史的印证。郑州虽然地处“天地之中”的内地，通过运河，连接上了蓝色的海洋。

大运河郑州段作为我国北方地区最早的沟通黄淮两大水系的运河遗存，是中国运河鼎盛时期的见证，也催生了农业文明时期的经济都会，在城市兴起、经济发展和文明进步方面都曾发挥过举足轻重的作用。郑州段大运河已经被列入世界文化遗产，目前郑州正在大力开发运河资源和古城资源。运河作为新型的活态的文化遗产，将继续为城市发展提供着资源和文化支持。近年来，随着东区龙湖、如意湖、运河的畅通，郑州生态水系建设成就有目共睹，母亲河将再次成全郑州，成就郑州

五彩空港新城　陈岩　拍摄

人的“水域靓城”之梦。

黄河与广武山的走向，令郑州一次次成为全国性交通枢纽。

众所周知，铁路时代来临时，郑州成为中国的铁路大十字路口。这并非偶然，卢汉铁路（京广铁路前身）选择走郑州，就是因为郑州有“邙山头”（广武山东缘）。

修筑卢汉铁路时，最为关键的是黄河桥桥址的选择，这关乎全线走向。经过两年多的勘察，负责设计线路的比利时工程师把建桥地点选择在了“邙山头”——这里是豫西山地的尽头，是中国二级台地向三级台地过渡的地带，选择这里修铁路，可以避免黄河水患的威胁。

由此，卢汉铁路放弃了处于北京与武汉直线上的名城开封，偏向西边光顾郑州。1906年，卢汉铁路通车，郑州成为车站。1909年，汴洛铁路竣工，也经过郑州。就这样，中国铁路史上第一个黄金十字架在郑州形成，郑州也被称为中国“铁路心脏”，成就了这座城市百年来铁路枢纽的地位。

“商都”的意义，从此被赋予新的内涵：它不再仅仅怀抱3600年前“商朝都城”的旧时荣光，而是一跃成为中国近代史上的一个重要商埠。1912年，日本经济学者林重次郎在其著作《河南省郑州商情》中，赋予了郑州一个极具国际化的称谓——“中国的芝加哥”。

二七纪念塔、二七广场、二七纪念堂、二七路、二七区……在中国所有城市里，只有郑州与“二七”这个数字组合有着如此密不可分的渊源。这一切，因“二七大罢工”而来，它不但彰显了中国铁路工人力量的团结与强大，还见证了郑州近现代工业的发展，成为中国现代工人运动的中心之一。

近年来，郑州又成为国内高铁的十字交会点。这种普铁、高铁“双十字”枢纽的地位，在国内绝无仅有。随着郑合（合肥）、郑万（重庆）、郑太（太原）、郑济（济南）高铁的开工建设，以郑州为中心的“米”字形高速铁路网初步成型。

承东启西，连南贯北，以郑州为中心，500千米半径覆盖中国近三分之一的人口和四分之一的GDP，1000千米半径覆盖中国一半以上的人口和GDP，2000千米半径覆盖中国90%以上的人口和GDP。

目前，郑州正着力打造辐射全国、连通世界、服务全球的国际性综合交通枢纽。郑州机场已开通客运航线186条、国际货运航线36条，2016年旅客吞吐量达到2076万人次，居国内机场第15位，完成货邮吞吐量45.7万吨，居国内机场第7位，客、货运增速均居全国大型机场前列。

著名道家学者郑国人列子“御风而行”的典故传诵至今，如今，郑州人通过高铁、航空可以通达世界各地。

• 精神郑州　开放创新铸和谐 •

京广、陇海铁路这个“黄金大十字”给近代的郑州提供了复兴的机会。

1954年，河南省省会从开封迁到郑州，郑州进入了高速发展时期。省会迁郑后的60多年，是这片古老沃土从沉寂走向复兴的一段蜕变史，也是中国现代城市发展的一部教科书。

郑州地区所处的中心位置和通向四面八方的便利交通，使郑州地域文化从古至今都处在与外部文化的交流碰撞当中，经过历史的积淀，形成了自己源远流长的创新、开放，包容性极强的文化。

郑州市曾邀请专家、学者，就郑州市“城市精神”做过多次专题探讨，广泛征询市民意见，2008年7月20日将郑州市的城市精神概括：“博大、开放、创新、和谐。”

城市精神是一个城市精神风貌、品格特性的体现，是城市在社会经济文化发展过程中长期积淀的产物，是凝聚人心、展示城市形象和城市文明的载体。

博大，是指郑州悠久的历史和深厚的文化积淀。

开放，是指郑州城市的鲜明个性和城市品牌。

创新，是对郑州市历史、现实精神面貌的总结及未来发展趋势的展现。

和谐，是对郑州市地域文化的本质概括，也是中原地区最为重要的人文特征与社会价值追求。

在“以国际商都为统揽，以航空港实验区建设为引领，以‘三大一中’为路径，以开放创新为动力，新型城镇化、产业发展、生态建设协调推进，加快向国家中心城市迈进步伐”的总体指导思想引领下，郑州市的发展进入了快速通道。

在中国社会科学院发布的《城市竞争力蓝皮书》显示，郑州城市竞争力在全国城市竞争力排名第19位；清华大学发布的年度《中国城市创新创业环境排行榜》显示，郑州在全国100个地级以上城市中位居第9位。

近年来，郑州抢抓国家“一带一路”倡议和郑州航空港实验区建设机遇，顺应航空运输和互联网广泛应用条件下全球化步伐加快的发展趋势，制定了“做强先进制造业、做大现代服务业、做优都市农业，加快构建以先进制造业为支撑，以现代服务业为主导的现代产业体系”的产业发展方向。

世界上很多人都在使用苹果手机，但很多人不知道苹果手机的主要加工地是河南郑州。现在市面上畅销的苹果7，全部是郑州加工组装的。2016年郑州的智能手机产量2.6亿部，约占全球的七分之一。也就是说，全球每7部智能手机中，就有1部产自郑州。郑州的汽车产量已达到62.5万辆，宇通客车是世界上最大的客车生产基地。郑州的目标是要建成以智能手机为标志的全球智能终端制造基地、以新能源汽车为标志的全国汽车研发制造基地和全国重要的高端装备制造基地。

以“三全”和“思念”为代表的郑州速冻食品业是全国最大的速冻食品生产基地，市场占有率达60以上。郑州现代服务业发展迅速，郑州商品交易所是中国三大期货交易所之一，“郑州价格”一直是世界粮食生产和流通的指导价格。郑东新区金融集聚核心功能区入驻金融机构288家，初步建成国家区域性金融中心；郑州国际会展中心每年举办国际性、全国性大型展会上百次，2016年郑州举办经贸类展会数量仅次于北、上、广，位居全国城市第4位。

随着国家“一带一路”倡议和中部崛起新十年规划的实施，郑州的区位优势、交通优势、市场优势、资源优势、人文优势、人口优势等将会更加凸显，在区域发展中的中心地位和中心作用将会不断显现。

2014年，习近平总书记视察郑州，寄语郑州朝着“买全球、卖全球”的目标迈进，希望郑州国际陆港建成连通境内外、辐射东中西的物流通道枢纽，为丝绸之路经济带建设多做贡献。

郑州不仅是“一带一路”建设的重要节点城市，还是多个国家战略的承接和实施地，还是国家批复的国家综合交通枢纽示范城市、国家服务外包示范城市和跨境电子商务综合试验区、大数据综合试验区、通用航空产业综合示范区，是中国（河南）自由贸易试验区、郑洛新国家自主创新示范区的核心城市，郑州航空港经济综合实验区是国务院批复的首个以航空经济为主题的国家级功能区。

郑州新郑综合保税区是中国中部地区首个综合保税区，2016年完成进出口总值3161亿元，跃居全国综合保税区第一位；郑州拥有航空、铁路2个国家一类口岸，邮政、汽车、肉类、水果、冰鲜水产品、活牛、粮食、药品等十大特种商品口岸投入运营或加快建设，郑州已成为全国功能性口岸最多的内陆城市。开通郑州—德国汉堡的郑欧班列，目前已累计开行500多班，国外集疏分拨网络覆盖欧洲和中亚20个国家的105个城市。依托海关特殊监管区开展跨境贸易电子商务，打通“买全球、卖全球”的跨境贸易走廊，进口商品来自全球40个国家、出口商品发往125个国家。

• 未来郑州　乘风破浪正当时 •

《郑州都市区总体规划2012～2030年》中将郑州定位为国家中心城市、国际航空大都市、世界文化旅游名城、中原经济区核心增长区，与此同时，郑州市将打造千万人口的大都市。

2016年，中央明确支持郑州建设国家中心城市，给郑州的建设和发展再送东风。郑州，这座“博大、开放、创新、和谐”的古老而又年轻的城市，正在向国际化大都市和现代文明城市迅猛发展。

我们有理由期待，郑州，不仅是河南的郑州，更是中国的郑州。郑州，不再是内陆的郑州，更是世界的郑州。

郑州历史大事记

约公元前21世纪，大禹治水，三过家门而不入，帝舜禅位于夏禹，建都于阳城。

约公元前17世纪初，商汤建国后都亳，建造规模宏大的都城，即今郑州商城遗址。

周成王时，周公旦摄政，管叔、蔡叔联合武庚举兵叛乱，周公东征平叛，次年削平叛乱。

周平王元年（前770）郑武王随平王东迁重建郑国。

周襄王二十年（前632）晋伐楚获胜，筑王宫于践土（今郑州古荥镇西）迎周襄王，大会诸侯，史称“践土之盟”。

周景王九年（前536）郑子产“铸刑鼎”。这是我国最早的成文法律。

周烈王元年（前375）韩国灭郑，将韩国都城自阳翟迁于郑（今新郑市）。

周显王九年（前360）魏国兴工开凿鸿沟。

秦二世元年（前209）陈胜、吴广起义，吴广率兵围荥阳。

汉王二年（前205）－汉王四年（前203）楚、汉两军数次大战，争夺荥阳。

汉武帝元封元年（前110）汉武帝刘彻登中岳，增建太室祠。

汉建安五年（200）曹操大破袁绍于官渡（今中牟县境），史称“官渡之战”。

隋大业元年（605）发河南诸郡男女百余万人，开通济渠，自板渚引黄河水通于淮河。

唐武德四年（621）李世民大战窦建德、王世充。

唐大周万岁登封元年（696）武则天赴少室山行封禅礼，登封由此得名。

宋建炎二年（1128）岳飞与金兵大战于汜水关，三战三捷。

元世祖至元一六年（1279）天文学家郭守敬在登封告成镇建观星台。

元至正十一年（1351）元臣贾鲁兴修水利，开贾鲁河。

明崇祯八年（1635）闯王义军等十三家七十二营“荥阳大会”。

清嘉庆十八年（1813）12月19日，荥阳贾峪发生5级地震，这是郑州地区有记载的最强烈的一次地震。

1902年（清光绪二十八年）8月，芦汉铁路郑州段开工。

1908年陇海铁路通车。

1938年6月9日郑州花园口黄河掘堤。

1948年10月22日郑州解放。

1954年河南省人民政府由开封迁入郑州。

2011年11月“中原经济区”批复，郑州荣升中原经济区中心城市。

2016年郑州被国务院确定为国家中心城市。

要事回放

——历史长河中的激情浪花

郑州地处中原腹地，是中华文明的重要起源地，原始农业最早在此产生，文明在此起步，国家在此诞生。郑州的地理位置和政治作用，使历代统治者视其为重地，更有得中原者得天下之说。所以中国历史上有许多重大历史事件发生在此，这些事件对中国历史进展发挥了重大作用。因此，回顾郑州历史上的重要事件，对了解郑州、认识郑州具有重要意义。

【知识链接】

五子之歌

太康失邦，昆弟五人须于洛汭作《五子之歌》。

太康尸位，以逸豫灭厥德，黎民咸贰，乃盘游无度，畋于有洛之表，十旬弗反。有穷后羿因民弗忍，距于河，厥弟五人御其母以従，徯于洛之汭。五子咸怨，述大禹之戒以作歌。

其一曰："皇祖有训，民可近，不可下，民惟邦本，本固邦宁。予视天下愚夫愚妇一能胜予，一人三失，怨岂在明，不见是图。予临兆民，懔乎若朽索之驭六马，为人上者，奈何不敬？"

其二曰："训有之，内作色荒，外作禽荒。甘酒嗜音，峻宇雕墙。有一于此，未或不亡。"

其三曰："惟彼陶唐，有此冀方。今失厥道，乱其纪纲，乃底灭亡。"

其四曰："明明我祖，万邦之君。有典有则，贻厥子孙。关石和钧，王府则有。荒坠厥绪，覆宗绝祀！"

其五曰："呜呼曷归？予怀之悲。万姓仇予，予将畴依？郁陶乎予心，颜厚有忸怩。弗慎厥德，虽悔可追？"

• 大禹治水统万国 •

相传尧、舜时期，洪水泛滥，民不聊生，虽经大力整治，但效果甚微。在这样的情况下，时任夏部族首领的大禹接过治水的重任，三过家门而不入，殚精竭虑，创造开渠疏导的新方法治水，同时引黄河水东南流，开凿了历史上第一条人工河——禹河。在他的带领下，洪水得到有效治理，人民不再饱受水患。雄才大略的大禹也赢得各部族、各方国的拥戴，被舜选为继承人，后即位，定都阳城。

禹本为夏后氏部落领袖，所以即位后，建立的王朝称为夏朝。禹死后，儿子启比较贤明，受到众人的拥护，就登上了天子之位，从此开启了君主世袭制。禹的儿子启战胜不顺服的有扈氏，天下咸朝，大统一夏王朝建立。

启死后，其子太康继位，但太康因无德而失国。

近年考古发掘中，在登封告成镇五渡河西岸新发现的一座4000多年前、规模达30多万平方米的古城，与文献记载中的"禹都阳城"相吻合。

大禹的传说

商汤灭夏建亳都

夏朝末年，社会矛盾日益尖锐。国王孔甲“好方鬼神，事淫乱”。夏朝开始走下坡路。夏桀即位后，更暴虐无道，荒淫无度，“赋敛无度，万民甚苦”。

夏桀手下有个叫关龙逄的贤臣，听到老百姓的愤怒声音，觉得大事不妙，就劝谏夏桀要节省用度。夏王不但不听，反而把关龙逄杀了。夏桀以为他的统治永远不会灭亡。他说：“天上有太阳，正像我有老百姓一样。”老百姓闻言后，就对着太阳骂道：“我要和你同归于尽。”

正当夏朝日益腐败之时，东部有一个诸侯国渐渐地发展起来了，这个部族就是商。商的国王叫汤，贤良无比，他以仁义治国，以礼貌待人，很快获得了百姓和部分诸侯国的支持。当夏桀听说汤很贤良时，就将汤囚禁在“夏台”。伊尹使用贿赂之计，救回汤。汤一回到自己的国家，就着手准备灭夏。他训练军队，准备粮草，打通各个诸侯国的关节，尽力形成一种共同讨伐桀的态势。

公元前17世纪，天下大旱，伊洛河水枯竭，百姓生活处于水深火热之中。汤看准时机，任用伊尹和仲虺为左、右相，开始了灭夏的征程。他听从伊尹的建议，先歼灭夏的附属国葛、韦、顾、昆吾等，使夏孤立，“十一征而无敌于天下”。之后，汤的军队和夏桀的军队在鸣条（今河南封丘东）大战。夏桀的军队众叛亲离，大败而回，夏桀逃到南巢（今安徽寿县东南），死于亭山。夏朝灭亡。

汤灭夏之后，向四方扩展了统治区域，建立了商朝，并在郑州建立了亳都。亳作为都城延续了160余年。

创世明主——成汤

西周灭商诛管叔

公元前11世纪初，周王朝灭商，周武王封其弟姬鲜于管（今郑州一带），史称管国。姬鲜又称为管叔鲜。武王死后，其儿子成王继位。成王年少，周公姬旦摄政当国。管叔鲜疑周公有篡权之嫌而联手其兄弟与商纣王的儿子武庚叛乱，周公借成王之名讨伐管叔、蔡叔、霍叔诸兄弟，3年平定叛乱。管叔鲜被诛杀。随后，又封周文王弟虢仲于荥阳，称东虢国；封祝融的后代于新密大隗一带，称郐国；封周公第五子祭仲于郑州市东部，称祭伯国，另外还封有補国、古密国、华国、古鬲国等。郑州成为西周经营东方的门户。

关虎屯

• 桓公东迁成小霸 •

郑桓公，名友，西周厉王少子，周宣王的弟弟。宣王二十二年（前806），周宣王把自己的异母兄弟姬友分封到都城镐京附近的咸林（今陕西华县西北一带），国号为郑，这就是历史上最初的郑国。公元前781年，周幽王姬宫湦继位，因为郑桓公是他的亲叔叔，就封他为司徒，掌管全国土地和户籍。

周幽王为人粗暴残酷，喜怒无常，每天沉溺于声色，不理朝政，并闹出“烽火戏诸侯”“千金买一笑”的荒唐事情。郑桓公见周幽王一意孤行，国家必将陡起祸患，自己只好另作打算。他向太史伯问道：“王室不太平，我要怎样躲避风险呢？”太史伯回答道：“独洛之东土，河济之南可居。”桓公又问道：“为什么呢？”太史伯答道：“那里地近虢国和郐国，虢、郐的君主不太仁义，现在你是司徒，又获民众爱戴，你应该迁到那里，那样的话，以后虢国、郐国的人也就是你的了……”桓公听从太史伯的建议，于周幽王九年（前773），派长子掘突带上丰厚的礼物向虢、郐二君借地。虢国、郐国果然献出十个小邑，于是，桓公率众东迁于虢、郐之间。

后来桓公被杀，武公即位，以离间计灭掉郐国，趁周天子巡视虢国防务时灭亡虢国，并在新郑建立新都城。郑国经郑武公与郑庄公励精图治，逐渐强盛，并通过葛宋之战，使周天子威信扫地，郑庄公声威大震。宋、卫、陈等宿敌都来求和，郑国成为当时中原地区强盛的诸侯国。周桓王十九年（前701），郑庄公与齐、卫、宋等大国诸侯结盟，成就一代诸侯霸主。

【知识链接】

多行不义必自毙

春秋时期，郑国君王郑武公有两个儿子，大儿子称“寤生”，小儿子称“共叔段”。

郑武公死后，由他的大儿子继位，这就是庄公。可是庄公的弟弟共叔段在偏爱他的母亲姜氏的支持下，竭力扩充自己的封地，积极进行夺取王位的准备工作。

郑庄公的大臣祭仲知道后，力劝庄公，说：“君王要及早安排啊，共叔段的势力已经很强了，再这样下去，您的王位会被他篡取的！”

庄公听了，却道：“多行不义必自毙，子姑待之。”

果真，共叔段的势力在不断扩大，将郑国的西、北部边境招于自己门下，直至廪延。同时，他还不停地修筑城池、屯田积兵，并让其母亲姜氏准备里应外合，攻下郑都。

庄公早有防备，趁共叔段进军郑都时，出奇兵攻其窝巢。长久受共叔段压迫的农民也参与战斗，使共叔段兵败，逃亡他处，而庄公出军追杀，最后使共叔段走投无路，被逼自杀。

• 春秋子产铸刑鼎 •

子产（？—前522），春秋时期著名的政治家和思想家。

郑简公十二年（前554），郑国立子产为卿。子产执政后，面对郑国的内忧外患，开始了一系列改革。在经济领域内的变革，必然导致政治、法律制度的相应变化。而当时的郑国疆域狭小，公族横行，飞扬跋扈，若不整顿政治秩序，随时有可能导致国内动乱。为了维护改革的成果，简公三十年（前536），子产将郑国的法律条文铸在象征诸侯权位的铜鼎上，向全社会公布，史称“铸刑书”。这是中国历史上第一次公布成文法的活动，也是中国政治史、法制史上的一件大事。

金水河的传说

凤凰台大米的传说

韩灭郑渐成七雄

韩国是战国七雄之一。春秋末年，晋国大夫赵襄子、魏献子和韩宣子于公元前433年先行暗杀智伯，然后又将晋的领地瓜分，成为三个诸侯国。

公元前403年，韩、赵、魏三家得到周威烈王的承认，正式位列于诸侯。后世历史学家将韩、魏、赵三国与秦、楚、燕、齐合称战国七雄。

韩、赵、魏三国经过封建政治改革以后，国力逐渐强大，在战国初期的兼并战争中，三国不断地向外扩张。公元前375年，魏国伐楚，交战于榆关（今中牟西南），韩国乘机灭郑。韩国领土大为扩展，并将都城从阳翟（今许昌禹州）迁到新郑。

魏凿鸿沟黄淮通

公元前376年，韩、赵、魏三家分晋。15年后，魏自安邑（今山西夏县）徙都大梁（今河南开封）。公元前360年，魏国开始兴建鸿沟。鸿沟是中国古代最早沟通黄河和淮河的人工运河。它在今荥阳北引黄河水，东经荥阳、郑州、中牟、开封，而后折向南，经过尉氏东、太康西、淮阳，分成两条支流：一条向南进入颍河，一条向东进入沙河，两条又分别汇入淮河，形成黄淮间的水运交通网。鸿沟修成后，经过秦、汉、魏晋南北朝，一直是黄淮间主要水运交通线路之一。

鸿沟的开凿，形成了黄淮平原以人工运河为干流、以自然河为分支的水运交通网和农业灌溉系统。鸿沟成为继春秋吴国胥河、江苏邗沟之后较早的人工运河之一。

陈胜义军攻荥阳

秦朝末年，刑严政暴，阶级矛盾日益激化。公元前210年，秦始皇死在东巡的路上。赵高、李斯拥立秦始皇的二儿子胡亥继承帝位。

秦二世元年（前209），陈胜、吴广在大泽乡（今安徽宿州东南）揭竿起义，首举反秦大旗，陈胜自立为王，号为“张楚”。一呼百应，起义军队伍迅速壮大，一路向西攻打，势如破竹。为推翻秦朝统治，陈胜于八月封吴广为假王，令其率主力西击荥阳，进而入函谷关（今三门峡灵宝东北）夺占秦朝腹地，命宋留率众入武关（今陕西丹凤东南），迂回咸阳，帮助吴广的军队，同时分兵攻取六国故地。

荥阳（今惠济区古荥镇）是通向关中的重要通道，自古以来就是兵家必争之地。附近还有秦囤积大量粮食的敖仓。拿下荥阳，就打开了通向关中的门户。再取敖仓，既可切断秦军粮草供应，同时也解决了起义军的军需问题。陈胜派重兵攻取荥阳的战略意图非常明确。

当时，荥阳一带属三川郡，三川郡守是李斯的儿子李由。荥阳城是秦朝东部的第一道屏障，城垣高大，为防止起义军西进，李由亲自带领军队驻守荥阳。由于荥阳城易守难攻，吴广率领的起义军久攻不下。

陈胜得知吴广在荥阳受阻后，立即派周文另率一路人马绕过荥阳，利用秦军主力被牵制在荥阳的有利条件，直取关中。周文大军一路斩关夺隘，一直打到离秦朝都城咸阳仅百里的地方。

骄奢淫逸的秦二世闻听起义军逼近咸阳，如晴天霹雳，大惊失色。在都城空虚、无兵可用的情况下，他听取了大臣章邯的建议，赦免了几十万在骊山服役的犯人，封章邯为将军组成一支部队，由章邯带领，扑向了周文率领的起义军。突如其来的几十万秦军使处于休整状态的义军措手不及，被迫退出关中。坚强不屈的周文在几经挫创、无粮无援的情况下，又率部与敌激战十余日，终因寡不敌众，拔剑自刎。章邯乘胜率领秦军来解荥阳之围。与吴广同攻荥阳的田臧因与吴广意见不合，假借陈胜的名义杀了吴广。起义军失去了主帅，结果全军覆没。

陈胜、吴广农民起义是中国历史上第一次大规模农民起义战争。起义虽然失败了，但全国各地的农民起义此起彼伏，风起云涌，秦朝的统治很快就土崩瓦解了。

鸿鹄之志

• 汉武帝嵩山封禅 •

汉元封元年（前110）3月，汉武帝曾亲率群臣，封禅[①]于嵩山。汉宣帝神爵元年（前61）颁布诏书，正式确定嵩山为中岳，要求历代祭祀。

据传，武帝在嵩山上拜祭时，群臣在山下好像听见三声高呼“万岁”的声音。武帝以为有神，令祠官加增太室祠，禁止伐其木，以山下300户为嵩高县，作为封邑，免除一切赋税、徭役，专门奉命祭祀岳神。又在山上建万岁亭，山下建万岁观，名此峰为万岁峰，以应山呼之奇。

• 官渡之战定中原 •

官渡之战是导致袁绍、曹操双方力量转变，当时中国北部由分裂走向统一的一次关键性战役，也是中国历史上著名的以弱胜强的战役之一。

东汉献帝建安五年（200）二月，袁绍亲率大军进军黎阳，派遣郭图、淳于琼、颜良进攻东郡太守刘延驻守的白马，刘延兵势薄弱，被颜良军围困，情况紧急。四月，曹操决定率兵救刘延。他采纳谋士荀攸的建议，先自引兵到延津，佯装渡河袭击袁绍的后方，袁绍当即分兵西应。曹操却乘机率一支精兵向东奔袭白马，颜良措手不及，被关羽斩杀，白马之围遂被解除。袁绍又派大将文丑与刘备率五六千骑步兵渡河追击曹军。曹军当时只有骑兵500余骑，危急之中，曹操令众骑兵解鞍放马，又将辎重丢弃在袁军来的路上。不久，文丑兵到，见到曹军丢弃的马匹、辎重后，你争我抢，乱作一团。曹操见此，命其500多骑兵立即上马，向袁军冲杀，袁军顿时溃败，大将文丑被斩。

曹操尽管在白马、延津取得局部胜利，但敌强我弱的态势仍未根本改变，于是决定诱敌深入，主动撤退到官渡，深沟高垒，固守阵地，以待有利时机。双方在官渡相持数月后，曹操出奇兵火烧乌巢，尽焚袁

央视网

三国名将曹操之官渡之战

官渡之战

① 所谓封禅，是指由皇帝祭拜天地的最隆重的典礼。

军粮草辎重，并趁机向袁军全力进攻，一举消灭袁军7万余，袁绍和儿子袁谭率亲兵800余骑逃过黄河。此役曹操以少胜多，歼灭袁绍的主力，为统一北方奠定基础。

在今郑州中牟县城东北2.5千米官渡桥村一带，尚存有官渡桥、曹公垒、汉井、曹操拴马槐、草料场、拒袁斩将碑、关帝庙等遗址遗迹。

• 达摩渡江创禅宗 •

达摩是南天竺香玉王的第三子菩提多罗，禅宗二十七祖般若多罗到南天竺国传法，菩提多罗从他学法，很得般若多罗赏识，就给他改名为达摩，意译为道法，是达摩已通达道法的意思。达摩于中国南朝梁武帝时航海到广州，梁武帝闻其名，迎入金陵，但观念不相契合，达摩悄然北上。达摩渡江北上，来到嵩山少林寺，面壁九年，传衣钵于慧可。

达摩在少林寺传禅宗，“直指人心，见性成佛，不立文字，教外别传”。佛陀“拈花微笑，迦叶会意”，被认为是禅宗的开始。“不立文字”，意思是禅脱离文字，语言和文字只是描述万事万物的代号而已。这就是慧能虽识字不多，却能通晓佛经的原因。只要明心见性，了解自己的心性，就可以成佛。

禅宗经过二祖慧可、三祖僧璨、四祖道信、五祖弘忍、六祖慧能等人的大力弘扬，终于一花五叶，盛开秘苑，成为中国佛教最大宗门。从此，后人尊达摩为中国禅宗初祖，尊少林寺为中国禅宗祖庭。

• 隋炀帝凿通济渠 •

隋大业元年（605），隋炀帝杨广营建东京（今洛阳市），征发河南、淮北诸郡男女百余万人开凿通济渠。

通济渠：又称汴水、汴渠、汴河，全长650千米。自河南荥阳的板渚（今巩义洛河与黄河交汇处）出黄河，至江苏盱眙入淮河，共历现今3省18县（市）。

隋通济渠分东、西两段，西段自洛阳东都西苑引谷水、洛水，循东汉阳渠故道东流，至偃师东南到洛口（今巩义洛河与黄河交汇处）与黄河相通；东段即为原鸿沟，或曰汴渠，从板渚（今荥阳王村镇牛口峪一带）引黄河东流，走汴水故道至浚仪（今开封市）东，折而东南流，至今盱眙进入淮河。由于水源增加，渠道加宽（约65米），炀帝多次乘坐高大龙舟，率领着庞大船队由此往返于东都洛阳和扬州之间。渠两侧是御道，沿途遍植柳树，荥阳、开封、商丘都以“隋堤烟柳”为当地“八景”之一。沿渠设离宫数十个，并配有军士守卫。因此，通济渠在当时成为贯通南北的水路交通要道，是大运河重要的一段。

唐代，各段运河被通称为漕渠或漕河，通济渠东段则称汴渠、汴河或汴水。各段中仍以连接长安、洛阳与江、淮之间的漕渠、汴河和淮南漕渠最为重要，构成了唐朝的生命线。唐高祖、太宗之时，每年从江淮地区漕运到长安的粮食约20万石。自高宗以后，国用日增，至天宝中，每年运米达250万石。为加强对大运河的管理，特别是为满足国家重要战略物资如粮食的运输和储存需要，于开元二十二年（734）八月，在汴河口附近，修建输场和大型转运仓——河阴仓（今荥阳东北，河阴古城西3里），漕粮从江淮运来的都纳入河阴仓；自河阴仓送东都的纳入含嘉仓，送关中的先纳太原仓，然后运至永丰仓（隋广通仓）、渭南仓、太仓。为加强对仓场的管理，还在汜水、荥泽、武陟三县设立了河阴县，并在河阴仓附近辟建河阴城作为其治所。河阴仓和河阴城作为黄河和人工开挖段运河交汇点上的水利运输枢纽设施，在唐宋时期发挥了重大作用。

通济渠作为隋唐的交通大动脉，“枢纽天下、临制四海，舳舻相会、赡给公私”。历经隋、唐、五代、宋、辽、西夏、金、元等8个朝代，通航720年之久。

• 秦王虎牢克二雄 •

虎牢之战，是唐高祖武德四年（621）秦王李世民率军在虎牢（今荥阳西北汜水镇）一带击破王世充、窦建德军的一次重要战斗，这一战斗为唐王朝统一全国奠定了重要基础。

王世充原来是隋东都洛阳守将，隋炀帝死后，他在唐朝武德二年四月称帝，国号郑，并利用唐军在河东作战无暇顾及东部的机会，夺取了唐朝在河南的部分土地。李渊为夺取中原，采取先郑后夏（窦

【知识链接】

虎　牢

金·赵秉文
两崖峡束枕洪涛，自古英雄争虎牢。
苍天胡为设此险，长使战骨如山高。

建德已称夏王）、各个击破的方略，武德三年七月，李世民领兵8万向东攻打王世充。同时派遣使者与窦建德言和修好，使他保持中立。

经过8个月的作战，河南50余州相继归降，李世民率军进逼洛阳。王世充困守孤城，几次派使者向窦建德求救。窦建德得知洛阳危急，怕唇亡齿寒，决定先联合郑国攻击唐军。于是率兵10余万西进，连续攻克管城（今郑州）、荥阳、阳翟（今许昌禹州）等地，进到虎牢的东面。

李世民在洛阳坚城未下、窦军骤至的形势面前，与部下商议对策，部将多主张退避。他力排众议，将唐军一分为二，令李元吉、屈突通等将继续围攻洛阳，自己则率精兵于三月二十四日先期出发，进据虎牢。由于虎牢地形险阻，窦军不能前进，驻扎了一个多月，多次作战不利，士气低落，将卒思乡。李世民得知，引诱窦军出战。窦军果然全部出动，李世民下令骑兵直冲入窦军，前后夹击，消灭窦建德主力部队，窦建德受伤被俘。李世民回军洛阳，王世充投降。

刚正不阿的中牟县丞皇甫德参

虎牢之战，唐军夺取了中原的主要地区，取得“一举两克”的重大胜利，创造了我国古代“围城打援”的成功战例。

• 则天封禅称告成 •

封禅是古代统治者举行的一种祭祀天地的典礼，表示帝王受命于天。

中岳嵩山因位居“天下之中”，人杰地灵，绝地天通，武则天做了女皇之后，曾多次来嵩山封禅。周天册万岁元年

央视网
武则天金简的发现（上）

（695），武则天在嵩山的峻极峰修筑一座登封坛，进行祭祀活动。次年，又来到登封，在嵩山的登封坛上，奉嵩山为天下五岳之首，并在嵩山封禅、封岳神。武则天通过封禅嵩山，向天地宣告成功，向世人证明武周政权是天命所归，她本人是功高德厚的一代明君。随后，武则天下了一道诏书，改年号为万岁登封，并把当时的嵩阳县改为登封县（登封之名始于此），把阳城改为告成，以表示她“登嵩封岳大功告成”之意。后来，告成并入登封县。

4年之后，即周久视元年（700）五月，武则天再次来到登封，在嵩山玉女台下的平洛涧石淙河旁边，大宴群臣。史称“石淙会饮”，并留下了武则天、李显、张易之等17人的摩崖碑刻。这次会饮后，古稀之年的武则天忽然患了一场重病。朝中的大臣纷纷来到登封，上嵩山祭祀“神岳天中皇帝”（武则天给嵩山的封号），为她祈祷，企盼能除病消灾。过了一个月，武则天的病竟然好了，她非常高兴，又派太监专程到中岳嵩山祭祀。同时，还派人把一枚祈求除罪金简投进峻极峰顶。直到1982年，这枚尘封1000多年的金简才被登封一位上山植树的农民发现。

央视网

武则天金简的发现（下）

武则天封嵩山

• 岳飞竹芦取兀术 •

靖康之变，北宋灭亡。金国并不满足，他们更加大规模地频繁南侵，这不能不激起千百万人民群众的反抗。

南宋高宗建炎二年（1128），金兵统帅兀术亲自领兵攻打汜水关（今荥阳虎牢关），所到之处烧杀掳掠，无恶不作。东京（今开封）留守宗泽决定让岳飞前去迎敌。岳飞领兵赶往汜水关，恰在汜水关东南汜水河边与金兵相遇。两军初次接触，混战一场，便各自安营扎寨，准备决战。岳飞仅带500兵马，而金兵声势浩大，看样子十倍于己。敌众我寡，不能逞匹夫之勇，必须施计谋方能取胜。于是，岳飞在双方营地不远处的渡口——竹芦渡，暗集柴草，设下埋伏。然后，派精兵渡汜水骚扰敌人。

金兵见岳飞兵少，就有些轻敌，又见黑夜间竟被这样打

火烧秦桧的传说

上门来挑衅，便立即点齐人马向偷袭的宋兵掩杀过去。哪知刚渡过汜水，身后一阵鼓响，整个竹芦渡立刻烟火大起、火势冲天，火光中不知有多少人马奔杀而来。一时间，杀声四起，天摇地动，把金兵吓得胆丧魂飞，斗志顿无，人人只顾扭头转身逃命。岳飞乘势追杀，把金军打得丢盔卸甲，抱头鼠窜。

这便是著名的竹芦渡之战。这场战斗不仅让竹芦渡青史留名，也让岳飞驻兵的营地留下“岳阵图”之名。当然，后来人也不忘金军驻兵之地，称之为“兀朮沟”。不过，住在这儿的人不喜欢这个名字，改称“梧竹沟”。这便是荥阳市汜水镇“梧竹沟”的来历。

八郎寨与八郎寨南地

• 贾鲁治河消水患 •

贾鲁（1297—1353），元河东高平（今属山西）人，字友恒。幼年时便聪慧好学、志向远大，长大后博学多才、谋略过人。他曾担任过儒学教授、潞城县尹、户部主事，还参加过《宋史》编修，后又任监察御史、工部郎中、行水督监等职，其间多次主持治理黄河水患。据说贾鲁为找到水患发生的原因，曾沿黄河水道不辞劳苦往返数千里，以勘查地形、水势。凭借长期实地考察和多年治河经验，他逐渐积累了一套“治黄方略”。元朝至正四年（1344年），黄河在山东曹县白茅堤决河改道，淹没河南、山东、安徽、江苏等地十多个州县。此后几年间又多次决口，两岸百姓背井离乡，生活苦不堪言。元至正十一年（1351年）4月，55岁的贾鲁受命于危难，出任工部尚书、总治河防使，征发河南、山东15万民工和2万士兵，开始浩大的治河工程。他采取疏浚和堵塞并举的方法，即在疏通黄河故道和支流河道并开凿新河道的同时，堵塞缺口和豁口，修筑堤坝，并首次采用沉船法，将27艘大船捆绑在一起，再装满石头，固定于决口处，之后在船体上凿洞使之沉没，最终堵住决口，将水重新逼入故道。11月，所有土木工程完毕，大功告成，多年水患被平息。这就是我国治黄史上著名的“贾鲁治河”，贾鲁的名字也因此而被载入史册。

贾鲁在堵住决口的同时，疏通故道、开凿新河道，这其中就包括他从密县凿渠引水，经郑州、中牟，折向南而至开封，而后入古运河，直达周口入淮河，这正是今天贾鲁河的流向。贾鲁此举不但平息了水患，也复兴了开封一带的漕运，使商业很快兴盛起来。之后，朱仙镇迅速繁荣，盛极一时，成为当时华北地区最大的水运码头，后来还成为享誉全国的四大商业名镇之一。

豫人感谢贾鲁的恩德，为纪念这位水利专家，便把重新疏通的运河改名为“贾鲁河”。

• 荥阳大会划时代 •

明朝末年，政治腐败，官僚豪绅横行乡里，加上当时旱涝灾害频繁，百姓食不果腹，生活困苦，各地农民被迫揭竿而起。从公元1627年陕西饥民王二首先率领穷苦的农民起义开始，到1644年李自成率领起义军攻克北京，明朝灭亡为止，其间的农民起义战争长达17年。为了消灭当时的农民起义军，明崇祯七年（1634）冬天，朝廷任命大将洪承畴为兵部尚书，节制全国兵马。洪承畴治军有方，使农民起义军多次受挫。为扭转这种不利的形势，各地农民起义军领袖商定在荥阳集会，商讨对敌良策，这就是历史上的“荥阳大会”。

明崇祯八年，为了粉碎明王朝“围剿”，农民起义军领袖高迎祥、张献忠、左金王等十三家起义军七十二营二十余万人在荥阳聚会，商议打败明军的大计。在这次大会上，高迎祥的部将李自成以卓越的军事才能，提出了联合作战、分兵迎敌的主张，得到大家赞同。随后，高迎祥和张献忠率领起义军的主力东进抗敌，一路节节胜利，所向披靡，并且一举攻克了明太祖朱元璋的老家安徽凤阳，军威大振。

这次农民起义军聚会，为最终推翻明王朝的统治打下了坚实的基础。胡允恭在《李自成与张献忠起义》一书中写道，“荥阳大会堪称中国农民战争史上的重大事件。它标志着明末农民起义将由困难走向胜利，农民军由分散的武装斗争趋向联合作战”，这是一次“划时代的荥阳大会”。

铁路动脉会郑州

1896年，盛宣怀以四品堂候补奉命督办铁路总公司事务，并有专折奏事的特权，他力主先修卢（沟桥）汉（口）铁路，并要铁路必经郑州到武汉。皇上准奏。1904年，郑州火车站建成，1906年沟通南北的卢汉铁路（后改称平汉铁路、京汉铁路）全线通车。

1908年，横贯东西的陇海铁路通车，两条铁路在郑州交会，因为两条铁路分属两个公司，所以各有各的车站，在京汉铁路郑州火车站北面又建成陇海铁路火车站，两站中间有天桥相连。当时的河南巡抚两次上书朝廷，要求开埠，1908年朝廷准奏，郑州为商埠。火车站建在郑州老城的西门外，当年从车站通往老城区的一条马路繁荣起来。两大铁路在这里交会使郑州成为整个中国的一大交通枢纽。1927年，冯玉祥在任河南督军时，下令将这条马路改名为大同路，取世界大同之意。次年，冯玉祥任河南省主席，改郑县为郑州市，他从老城墙上拆下700万块城砖，铺装了大同路，修建了德化街，让郑州有了现代气息。

花园口黄河决堤

1938年6月初，日军侵占开封，为抵御日军继续西犯，国民党军经蒋介石批准，于6月9日在郑州花园口炸开黄河大堤，以水代兵，使日本侵略军企图从郑州沿平汉铁路进攻武汉的计划遭到阻挠。但此次决堤，造成平汉铁路以东地区洪水泛滥，使黄河改道长达8年零9个月之久，给中国人民造成了巨大灾难。豫、皖、苏三省44个县受灾，死亡人口达89万。

1947年3月，国民政府实施花园口堵口合龙。如今在当年掘堤处建有掘堤处纪念碑、花园口纪事广场、雕塑墙，再现了当年国民党军以水代兵抵御日军之历史事件，也是洪水无情、巨大灾难之见证。

花园口事件

•郑州解放获新生•

"我中原人民解放军于今日占领郑州。守敌向北面逃窜，被我军包围于郑州以北黄河铁桥以南地区，正歼击中……"这份由毛泽东亲手拟定的电稿，在1948年10月22日24时通过新华社在第一时间向全国传递。郑州解放了。

解放郑州的战役，是人民解放军中原野战军在华北军区部队的配合下，在郑州以北地区对逃离郑州的国民党军第十二"绥靖"区部队进行的一次围歼战役，是淮海战役的重要准备和前奏。

1948年10月21日，在刘伯承、邓小平的直接指挥下，由中原野战军第一、三、四、九纵队及郑州地方武装完成合围郑州之势。这时，配合中原野战军作战的豫皖苏军区部队攻克了郑州东面的中牟，截断了国民党军郑州至开封之间的交通。第一纵队很快插到郑州东北侧，与第三纵队协同作战，在西集团配合下攻歼郑州守军第四十军一〇六师、第九十九军二六八师。第一纵队指挥员令第一旅从郑州东北方向攻击，于21日夜就攻占了郑州东北郊的飞机场，当即缴获国民党飞机一架。

22日，第一旅二团二营向郑州东北韩寨国民党军据点攻击，国民党军不战而溃向我军投降。国民党军守备郑州城区的"绥靖"区所指挥的第四十军一〇六师、第九十九军二六八师的指挥官感到守城无望，胁迫1万余人在22日拂晓弃城仓皇突围，向郑州北面逃跑，我军乘胜追击，郑州遂告解放。

针对国民党军的行动，第九纵队二十六旅除以部分兵力在郑州以北老鸦陈西公路截击逃跑的敌军外，主力迅速由老鸦陈东面机动至老鸦陈北面。当逃跑之敌逃至郑州以北老鸦陈村时，被中原野战军攻郑西集团第九纵队二十六旅包围；国民党军前卫两个营及由古荥镇南援的一个团，亦被我军阻截在黄河南岸邙山地区。战至22日17时，老鸦陈村之敌被我军第二十六旅全歼。23日17时，在邙山地区据险顽抗的国民党军也被我军第九纵队歼灭。

郑州战役，人民解放军仅用3天时间就歼灭国民党军1个整师、1个师部、1个团、两个营和非正规部队4个保安团，共11 000

余人，俘虏敌第九十九军参谋长佘辉庭等少将军官7名，解放了中原地区重镇郑州，控制了平汉、陇海铁路的枢纽，为同华东野战军共同发起淮海战役创造了条件。

• 省会迁郑呈辉煌 •

1952年8月5日，河南省人民政府提请中南军政委员会，正式将省会迁址事宜提交决策层。报告阐明了迁址的缘由："鉴于河南省会在开封市，位置偏于全省东部，指导全省工作多方不便；郑州市则为中原交通枢纽，为全省经济中心，将来发展前景尤大，如省会迁往该市，则对全省工作指导及上下联系均甚便利，对该市发展也大有裨益……"

1952年8月18日，中南军政委员会发知照会："同意河南省会决定于开封市迁郑州市。"9月19日，省政府接到了中央人民政府政务院"同意河南省省会迁址"的复函。

1954年5月18日，省直机关在郑州修建房屋首批任务即将完成，省委成立迁移委员会，确定由时任省委第一副书记的杨蔚屏等18人为省直机关迁移委员会委员。至1954年10月底，中共河南省委、省政府、省军区及各厅局、省级群众团体由开封顺利迁至郑州，为郑州发展，为今天的中原城市群龙头城市及国家中心城市奠定了基础。

• 八大古都现中原 •

2004年11月1日至5日，由郑州市人民政府与中国古都学会联合举办的"郑州商都3600年学术研讨会暨中国古都学会2004年年会"在郑州举行。11月5日，中国古都学会会长朱士光宣布，古都郑州可与西安、北京、洛阳、开封、南京、杭州、安阳七大古都一起并称为"中国八大古都"，这一成果是近年来中国古都学与考古学、先秦史学等学科联合研究所取得的，是中国古都学发展史上的一个重要学术成果。

在5天的会议期间，著名考古学家、北京大学教授邹衡，国家文物局原局长张文彬，中国社会科学院考古研究所所长刘庆柱，北京大学文博学院著名考古学教授李伯谦，北京大学教授孙淼，中国古都学会会长朱士光，河南省博物馆原馆长许顺湛等100多位知名专家，以及来自中国古都学会及郑州、西安等八大古都学会的负责人与代表，就郑州的古都地位、历史演变及保护利用等进行了深入的研讨。会议认为，郑州商城作为商代早期建立的一座都城，至今已有3600年历史，其建筑规模之大、规划布局之严整、文化内涵之丰富，堪称当时世界之最。郑州商城作为商代早期政治、经济、军事、文化的中心，是中国古都发展史上一个不可替代的里程碑，在探索夏、商、周三代文明起源中具有承上启下的重要作用。以商都为代表的郑州地区还发现了西山、古城寨、大师姑等一批古代城址，春秋战国时期的郐国、虢国、郑国、韩国等诸侯国也曾先后定都于此，这些都表明郑州所在地域存在一个庞大的古都群落，进一步确立了郑州在中国古都发展史上的重要地位。

【知识链接】

“八大古都”的由来

我国“八大古都”的确立，曾经经历过一个漫长的过程。早在20世纪20年代，学术界有些论著将西安、洛阳、北京、南京、开封并列称为“五大古都”。到20世纪30年代，又将杭州列入古都行列，合称“六大古都”。此后，“中国六大古都”一说逐渐流行，得到学术界认可。中国古都学会成立后，著名历史地理学家、复旦大学教授谭其骧先生力倡安阳也应列为古都之一。他强调指出，今河南安阳地区，曾是殷都与六朝邺都所在，就像西安地区拥有西周丰镐、秦咸阳、汉唐长安一样，应视为一个大古都，其在历史上的重要性，至少不下于杭州，所以论述中国古都应追加安阳为“七大古都”。此后安阳的古都地位在中国古都学会第六届学术讨论会上被一致确认。

在对中国古都历史不断探索研究的过程中，又有不少专家学者提出，郑州商城遗址是我国现已发掘的早期城址中规模最大、布局严整的都城，很可能是成汤至太戊共十王所居的亳都（一说认为是仲丁、外壬二王所居之隞都），加上郑州辖区的郑韩故城、登封王城岗禹都遗址、小双桥隞都遗址、新密古城寨与新砦城址等，理应把郑州与北京等七大古都并列，合称为“中国八大古都”。后在2004年11月间在郑州举行的“郑州商都3600年学术研讨会暨中国古都学会2004年年会”上，经与会的考古学家、先秦史学家和古都学家共同研讨，反复比较论证，一致赞同把郑州列入“中国八大古都”。

名人扫描

——历史天空中闪烁的群星

郑州是中华民族的发祥地之一和华夏文明的摇篮，这里钟灵毓秀，人杰地灵。在悠悠五千年文明发展的历史长河中，这块神奇的土地上曾经涌现出难以数计的历史名人，诸如人文始祖轩辕黄帝、圣贤鼻祖许由、最早的政治改革家子产、能御风而行的列子、忧国忧民的诗圣杜甫、地质学家张伯声、豫剧大师常香玉等。这些历史名人的英雄伟业，为博大精深的中原文化书写了辉煌的篇章，其光辉业绩已经载入中华民族的历史史册，成为民族的骄傲。

这里记述他们的成就和业绩，旨在让我们了解他们辉煌的建树后面所蕴藏的远大理想和抱负，使我们从中获得教益和启迪。

人文始祖黄帝

黄帝

黄帝，姓公孙，名轩辕，号有熊。生于今郑州市南部的轩辕丘（今新郑西北），故称轩辕氏。长于姬水，故改姬姓。又因崇尚土德，而土又呈黄色，故称黄帝。

相传5000多年前，有熊氏部落曾在新郑市区北这一带定居，黄帝的父亲少典是有熊国国君。黄帝幼时聪明异常，见识渊博，才干出众。黄帝时代黄河中下游地区部族林立，黄帝降服了炎帝和蚩尤，统一了三大部落，告别了野蛮时代，建立起中国历史上第一个有共主的部落联盟，开创了辉煌灿烂的华夏文化。

黄帝传说

他率领先民们在中华大地上安居乐业，举风后、力牧、太山稽、常先、大鸿为相，辅佐治国。划野分州、计亩设井、营造城邑、设官司职，制作舟车、弓矢，形成了男耕女织的生活方式。据说黄帝的史官仓颉创造了文字，黄帝的妻子嫘祖教会了人们养蚕制丝，黄帝的粮官杜康发明了造酒，黄帝的陶正宁封子发明了烧陶，医官雷公、岐伯发明了医术。此外黄帝本人还发明了造车、算术、音律等。

这些发明创造，使得中华民族进入了文明时代，使得中国跻身“四大文明古国”之列。

黄帝的勤劳智慧，正义仁爱，得到了子子孙孙的一致尊敬，被奉为“人文初祖”“文明之祖”。相传尧、舜、禹、汤等均是他的后裔，因此黄帝被奉为中华民族的共同始祖。黄帝的精神品质及其所开创的灿烂文化已深深植根于中华民族历史文化的沃土之中。正是黄帝的丰功伟绩和卓越贡献，使得围绕其功德所衍生出的种种传说故事广为传颂。

相传农历三月初三是轩辕黄帝统一天下、成就伟业的日子，为表达对轩辕黄帝的敬仰之情，自春秋时期起，新郑一带就兴起了三月初三举行盛大拜祖祭祀活动的习俗，一直延续至今。如今轩辕故里四季香火不断，八方朝圣者络绎不绝。

• 箕山隐士许由 •

许由

尧帝时代，今郑州登封箕山脚下、颍水河边，隐居着一位高洁之士，他就是被世人尊称为圣贤鼻祖的许由。

许由，字武仲，阳城槐里（今属登封）人。他率领的许姓部落，主要活动在今颍水流域的登封、许昌、禹州、汝州、长葛、鄢陵一带。相传尧帝寻访贤人，发现了品德高尚、才智过人、备受部族成员尊敬的许由。尧帝多次向他请教治理部落的大事，决定把君位让给他，他坚辞不受，逃到箕山下，农耕而食。

在箕山，许由认识了在这里隐居了多年的另一位隐士巢父，并与他成为朋友。后世把许由和巢父并称为巢由或巢许，用以指代隐居不仕者。

自从许由出走后，尧帝以为许由谦虚，对许由更加敬重。当听说许由在箕山隐居时，便又派人去请他，说："如果坚决不接受帝位，则希望能出来当个九州长。"不料许由听了这个消息，更加厌恶，立刻跑到山下的颍水边，捧起水，把耳朵洗了一遍又一遍。这时正巧巢父牵着一头牛犊来饮水，便问许由干什么。许由就把刚才发生的事情告诉他，并且说："我听了玷污我耳朵的话，怎能不赶快洗洗我清白的耳朵呢！"巢父听了，冷笑一声说道："哼，谁叫你在外面招摇，造成名声，现在惹出麻烦来了，完全是你自讨的，还洗什么耳朵！算了吧，别玷污了我小牛的嘴！"说着，牵起小牛，径自走向水流的上游去了。这条河就是现在清澈明丽、水质甘冽的洗耳河。

如今距登封市区20余千米的箕山，与古阳城隔颍河相望，人们又称它为"许由山"。箕山峰顶东北端，有高3米余，围50余米，碎石封盖其上的许由墓冢。冢旁树石碑一通，上刻"许由之墓"，中刻"箕山公祀许由墓碑"，右刻"帝尧封九州第一长"。伟大的历史学家司马迁曰："余登箕山，其上有许由冢焉。"

许由传说

在我国历史上，许由是第一位真正淡泊名利的"高士""贤者"，他的崇高情操赢得了后世的尊敬，从而被奉为隐士的鼻祖。

【知识链接】

越俎代庖

上古唐尧、虞舜时期，帝位是禅让相继的。据传，在尧让位给舜之前，曾找到德才兼备的许由，让他接替君位，许由坚辞不受。并对尧说："天下已治理妥当而要我来替代你，不是让我享受名声吗？'实'为主，'名'为客，这不是让我来做客吗？鹪鹩住在林中，只需一枝，鼹鼠饮一河水，只需满腹。我要这么大的天下干什么？我不能替代你。即使厨子不下厨去做好自己的工作，司祭也终究不能越职去替代他呀！"

越俎代庖，比喻超越自己职责范围去处理别人所管的事。

春秋小霸郑庄公

郑庄公

郑庄公，生于公元前757年，卒于公元前701年，姬姓，名寤生，郑武公之子，春秋初期著名的政治家，郑国第三任国君。公元前743年郑庄公即位，可谓内忧外患，但是他精于用谋，善断果敢，首先平定共叔段之乱，巩固了政权。随后外伐强敌，他与齐鲁结盟，假命伐宋；远征北戎，近救危齐。后来，由于郑国势大，周天子企图分解郑庄公权利，造成郑庄公不满，而后发生周郑交恶。后在繻葛之战中，郑国击败周、虢、卫、蔡、陈联军。公元前719年又击败宋、陈、蔡、卫、鲁等国联军，使得郑国空前强盛，就连当时的大国齐国也跟着郑国东征西讨。

掘地见母——郑庄公黄泉见母

春秋小霸郑庄公

郑庄公一生功业辉煌，他精于权谋，善于外交，长于料事，敢于用兵，从未打过败仗；他又礼贤下士，善于听从意见，国事、民事都处理得井井有条。郑庄公在位42年，他治理的郑国，曾一度驰骋中原，称霸一时。因此后人称之为“春秋小霸”。

爱国商人弦高

弦高，春秋时期郑国商人。生卒年不详。

弦高是郑国的一位行商，因他的机智应变，智退秦军，使郑国人民免遭战争之灾，从而成为历代商人的典范，名垂青史。

弦高

当时郑国处于晋、楚两个大国的夹缝中。为了生存，郑国先和晋国结盟，承认晋国霸主地位，但因惧怕楚国，暗地里又同楚国结盟。晋文公知道后，很是生气，就与秦穆公约定一起出兵征伐郑国。

郑国国君郑文公慌了神，派能说会道的烛之武前去劝说秦穆公退兵，以允许秦国派三个将军带两千人马替郑国守卫北门为条件，使秦国退了兵。郑国也不敢惹晋国，又和晋国订了盟约，晋军也撤走了。

留在郑国的三个秦国将军知道郑国投靠晋国的事情后，就派人向秦穆公报告，还要求再次征讨郑国。但秦穆公不愿因此影响与晋文公的关系，就暂时按兵不动。

过了两年，晋文公病死，他儿子襄公即位。秦穆公决定趁晋国有丧事的机会，与驻在郑国的三个将军里应外合偷袭郑国。

爱国商人弦高

秦国军队行至距郑国百里之外的滑国（今河南偃师市东南，与巩义交界之处）地界。忽然，有人拦住去路，自称是郑国使臣，赶着12头肥牛来到秦军驻地，要求见秦军主将孟明视。孟明视接见了他，郑国的使臣说道：“我叫弦高，我们的国君知道将军要到郑国来，特地派我送上一份微薄的礼物，慰劳全军将士，以表示我们的一点心意。”接着，他献上带来的4张熟牛皮和12头肥牛。

孟明视闻听大吃一惊，心想：郑国使臣远路赶来慰劳军队，说明郑国已有了准备，我们的偷袭很难成功了。他收下弦高送的礼物，连忙解释说：“我们不是到贵国去的，你们何必这么费心，请你回去吧。”

弦高走后，孟明视与手下的人说：“郑国已有准备，偷袭难以成功，还是回国吧。”秦军顺路灭掉了滑国，就退兵了。

其实，孟明视上了弦高的当。弦高是郑国的一个贩牛商人，他赶牛到洛阳去做生意，正好碰到秦军。他看出了秦军的来意，就急中生智，冒充郑国使臣骗了孟明视，然后，派人赶快回郑国送信。

郑国国君接到弦高的信，急忙派人到北门观察秦军的动静，果然发现他们已做好打仗的准备。他就不客气地向秦国的三位将军下了逐客令。秦国的三个将军知道机密已泄露，便连夜将兵马从郑国撤走了。

弦高利用自己的智慧，急国家所急，使郑国避免了一场灾难。当郑国君主要奖赏弦高时，他却婉言谢绝：“作为商人，忠于国家是理所应当的，如果受奖，岂不是把我当作外人了吗？”

• 春秋名相子产 •

子产

子产（?—前522），名侨，字子产，又字子美。春秋时期郑国（今新郑）人，著名的政治家和思想家，也是法家学派的杰出代表人物，郑穆公的孙子，司马子国的儿子。因其居封地东里（今郑州管城区东大街一带），亦称东里子产。

郑简公十二年（前554），郑人立子产为卿，当时的郑国对外处于晋、楚两大强国的夹缝中，内部政局动荡，在“国小而逼”的严峻形势下。子产临危受命，在郑国进行了内政改革，铸刑鼎，行法治，宽猛相济。其中最重要的是作封洫、作丘赋和铸刑鼎。

“作封洫”，就是改革田制。通过整治全国田地的疆界、沟渠，承认私田合法性，将农户按什伍加以编制，按田亩数量课税，以促进社会生产的发展。

“作丘赋”，就是改革军赋，即按丘（旧时一种社会基层组织。古有“九夫为井，四井为邑，四邑为丘之说）向新的土地所有者征收军赋（包括车马、甲盾、徒兵等），以增强国防实力。

子产的故事

央视网

子皮让政子产

“铸刑鼎”，就是把新颁布的法律条文铸在青铜大鼎上，昭示全国，上下一律遵行，限制强宗贵族的特权和不法行为，保护庶民百姓的利益。这是中国有史可考的第一部成文法典，比古罗马的第一部成文法典《十二铜表法》大约早一个世纪。铸刑鼎打破中国历史上长期以来“刑不可知，则威不可测”的秘密政治传统。

子产不仅是杰出的政治家，而且也是一位出色的外交家。在对外关系特别是在与当时晋、楚等大国的交往中，既不卑不亢，又谦虚礼让；既不失原则，又机智灵活，在晋、楚争霸的夹缝中，为国家赢得了应有的尊严和较长时间的和平。

国相翘楚子产

公元前522年，子产去世，郑国举国哀悼。孔子听到子产去世的消息也大为悲恸，泣曰：“古之遗爱也。”

子产在郑为相20余年，推行一系列改革，积极开展内政外交活动，为郑国的社会稳定和生产发展做出了杰出贡献。尤其是他的“不毁乡校”，以听取“国人”意见的民主思想和铸刑鼎的法治思想对后世影响深远。明儒唐锡周云：“后半部春秋，全赖此人生色。”

【知识链接】

宾至如归

公元前542年，子产奉郑简公之命出访晋国。晋平公找借口没有迎接郑国使者，子产就命令随行的人员把晋国邸舍的围墙拆掉，然后赶进车马，安放物品。

晋平公得知这一消息，吃了一惊，派大夫士文伯到邸舍责问子产。子产回答说：“我们郑国是小国，需要按时向大国进献贡品。可你们的国君既见不到，也不告知晋见日期。我听说过去晋文公做盟主的时候，自己住的宫室是低小的，接待诸侯的邸舍却造得又高又大。宾客到达的时候，样样事情有人照应，能很快献上礼品。他和宾客休戚与共，你不懂的，他给予教导，你有困难，他给予帮助。宾客来到这里就像回到自己家里一样。可是，现在晋国的宫室宽大，而宾客住的却窄小。如果不拆掉围墙，让这些礼物日晒夜露，就是我们的罪过了。等献了礼物，我们愿意修好围墙再回去。”

晋平公听了士文伯的汇报，感到惭愧，马上接见子产，隆重宴请，给了丰厚的回赠，并下令重新建造邸舍。

成语“宾至如归”即源于此故事，多用以形容招待客人热情周到，来客感到满意。

【知识链接】

咏列子

宋 · 刘攽

御寇卧郑都，子阳归之粟。
固辞得无受，妻子怨窘束。
君非自知我，人事故反复。
俛仰未及终，类偶首邦族。
始知至人心，避荣乃避辱。
如何当路子，扰扰事干禄。

• 道家思想代表人物列子 •

列子

列子，名寇，又名御寇，又称“圄寇”或“圉寇”，后世尊称列子。生活在东周威烈王（前425—前402）时期，郑国圃田（古城在今中牟县白沙镇西古城村与芦医庙乡蒋冲村之间）人，战国前期思想家和寓言文学家，是老子和庄子之外的又一位道家思想代表人物。

列子终生致力于道德学问，曾师从关尹子、壶丘子、老商氏、支伯高子等。修道9年之后，据说能御风而行。列子强调人在自然天地间的积极作用，不任强使力，不忧天、不畏天，人应摆脱人世间贵贱、名利的羁绊，顺应大道，淡泊名利，清静修道。同时他还认为“至人之用心若

御风而行——列子

镜，不将不迎，应而不藏，故能胜物而不伤”。唐玄宗天宝元年（742）李隆基封其为“冲虚真人”，称《列子》为《冲虚真经》。

列子隐居郑国四十年，先后著书二十篇，十万多字，今存《天瑞》《仲尼》《汤问》《杨朱》《说符》《黄帝》《周穆王》《力命》等八篇，共成《列子》一书，原本多已失传。今本《列子》八篇，从思想内容和语言使用上看，可能是后人根据古代资料编著的。

《列子》一书中大量的寓言保留了中国文化珍品，其中《愚公移山》《杞人忧天》《余音绕梁》等都是著名的篇目。

列子死后，葬于郑州。今郑州市东三十里圃田乡圃田村东南有一座小型墓冢及墓碑，传为列子墓。墓前有潮河，后有丘陵，四周枣林丛丛，附近有列子祠。

相传列子成仙升天，给后人留下的八卦御风台位于郑州市东二十里铺南高岗上，为一八角形高台，上绘八卦图，旁有列子塑像。明万历八年（1580）监察御史苏民望巡视河南过圃田时，得知此事，因命奉直大夫、郑州知事许汝升重建祠堂，并立《重修列子祠记》碑石。

• 法家大成韩非子 •

韩非，战国时期韩国人，即今天的郑州新郑市人，杰出的思想家、哲学家和散文家，法家的集大成者，被后世尊称为韩非子。

在战国时期，面对风起云涌、变幻多端的七国形势，韩非建议韩国变法图强，不被采用。韩非开始发奋著书立说、明志，写下《孤愤》《五蠹》《说难》等十余万言著作，受到秦王嬴政的重视，被邀出使秦国，其为受谗言所害，自杀于狱中。

韩非吸收道、儒、墨等各家思想，有选择地接受前期法家思想，形成系统完备的法家理论体系。韩非主张“为治者……不务德而务法”，“赏厚而信”，“刑重而必”。称法的制订，应该“编著之图籍，设之于官府，而布之于百姓”。法的施行，应该“刑过不避大臣，赏善不遗匹夫”。韩非综合商鞅的“法”治，申不害的“术”治和慎到的“势”治，提出以

韩非子

“法”为中心的“法、术、势”三者合一的君主统治术，强调中央集权，对后世影响很大。

在哲学上，韩非发展了荀子的学说，认为“道”是事物运动的普遍规律，而“理”则是具体事物运动的特殊规律。他肯定具体事物是不断变化的，“道”和“理”也要随之而变化。他提出“缘道理以从事”，反对“无缘而妄意度”。他主张用“参验”的方法来验证人的认识。他注意到事物的矛盾性，强调对立面不可调和，提出“杂反之学不两立而治”。韩非认为历史是不断变化的，主张“世异则事异”“事异则备变”的历史观。韩非还认为，“人民众而货财寡”是社会动乱的原因，强调一切社会关系，如君臣父子、交换以及剥削关系，均出自人们的“自为心”或“计算之心”，他肯定趋利避害乃是人之常情，也是国家执行赏罚、法令的依据。

韩非不仅是一位伟大的思想家，还是一位卓越的散文家。其文章说理精密，文锋犀利，议论透彻，推证事理，切中要害，形成了政论散文的鲜明个性。在艺术上，其文章构思精巧，描写大胆，语言幽默，于平实中见奇妙，具有耐人寻味、警策世人的效果。韩非还善于用大量通俗易懂的寓言故事和丰富的历史知识作为论证资料，说明抽象的道理，形象化地体现他的法家思想和他对社会人生的深刻认识。在他文章中出现的很多寓言故事，著名的有《郑人买履》《自相矛盾》《守株待兔》《滥竽充数》等，因其丰富的内涵，生动的故事，成为脍炙人口的成语典故，至今仍为人们广泛运用。

水利巨匠郑国

郑国

郑国，生卒年月不详，战国末期韩国人，即今天郑州新郑市人，著名水利专家。秦王嬴政十年，即公元前237年，郑国受韩国国君之命出使秦国，游说秦国兴修水利，企图消耗秦国国力，以阻止并延缓秦国对韩国的兼并战争。不料秦王采纳了郑国的建议，征调大量民工由郑国主持开凿工程。工程进程中被秦王察觉，秦王欲杀他，他说服秦王，该渠凿成对秦国更加有利，因而得继续施工，终于完成。此灌溉渠西引泾水向西到瓠口作为渠口，利用西北微高、东南略低地形，沿北山南麓引水向东伸展，注入北洛水，全长三百多里。利用泾水含泥而有肥效的特点，用以灌溉，并冲压、降低耕土层中的盐含量，收到改良土壤的功效。历史记载，此渠灌溉土地四万余顷，使每亩增产到一钟（六石四斗）。“于是关中为沃野，无凶年。秦以富强，卒并诸侯，因命名曰郑国渠。”

郑国作为间谍不成功，但是作为一名卓越的水利专家，治理水患，改变了关中农业区的面貌，使八百里秦川成为富饶之乡。郑国渠和都江堰、灵渠并称为秦代三大水利工程。郑国渠开历代引颈灌溉之先河，是中国古代大型的水利工程，作为主持此项目的设计者，郑国在施工过程中表现出杰出的智慧和才能，他创造了“横绝”技术，使渠道跨过冶峪河、清河等大小河流，把常流量拦入灌溉渠中，增加了水源。他利用横向环流，巧妙地解决了粗沙入渠堵塞渠道的问题，又使细沙随着水流冲入田野形成淤灌，造就沃野良田。这些都表明，郑国在当时就已经掌握了十分丰富的河流水文知识。

中华美男潘安

潘安

潘安（247—300），即潘岳，字安仁。巩县人，即今天的郑州巩义人，其祖籍为河南省中牟县大潘庄。潘安本名潘岳，潘安之名始于杜甫《花底》诗“恐是潘安县，堪留卫玠车”，后世遂以潘安称之。潘安是西晋著名文学家，“太康文学”的代表人物。曾任河阳令、给事黄门侍郎等职位，后因官场倾轧被杀。

潘岳的传说

“陆才如海，潘才如江”，这里的潘才就是说潘安才华横溢如长江之水，滔滔不绝。他是魏晋第一流的文学家，位列西晋文学政治团体“金谷二十四友”之首。潘安大赋，诸如《秋兴赋》《闲居赋》《藉田赋》《沧海赋》《登虎牢山赋》《狭室赋》《怀旧赋》等，文字优美，富有感情，是那个时代的顶峰。在诗歌领域，潘安的《悼亡诗》开创了悼亡诗的先河，对后世影响很大，成为中国古代文学史上的名篇。

潘安“美姿仪”，是说潘安有美好的容貌和优雅的神态风度。据说潘安年轻时挟着弹弓，坐着牛车走在洛阳大街上，年轻女子都往他的牛车上扔水果，以表达爱慕之意。成语“掷果盈车”由此而来。

禅宗二祖慧可

慧可（487—593），又名僧可，俗姓姬，名光，号神光，洛阳虎牢人，即今天的郑州荥阳人。

慧可幼年出家，通晓佛典。四十岁

时拜菩提达摩为师。为表求道决心，慧可竟用刀自断左臂，奉献达摩座前。感其赤诚，达摩授法器、赐法名，收他为传法弟子。达摩在嵩山传法时，以四卷《楞伽经》授慧可，并说：“我观汉地，惟有此经，仁者依行，自得度世。”其后慧可传承了达摩的禅法，成为禅学大师。达摩圆寂后，慧可一度隐迹。后因道俗各界寻迹而来向其求学，才开始传法讲经。

东魏天平初年，慧可北游至邺都，即今天的安阳东北与邯郸临漳西南一带。在邺传法时，当地一僧名道恒，其徒在听慧可讲法后都不回去了，多次加害慧可，最后“遭贼斫臂”，后道恒顿悟，亦单臂传法，于是名声大振。

慧可在传法于僧璨后，坐化。慧可由于得到了达摩衣钵，后被禅宗尊为二祖，是禅宗代表性人物之一。慧可在少林寺西南山上养伤时住所和石台，后成为二祖庵和养臂台，至今尚存。

一代通儒郑虔

郑虔，字弱齐，郑州荥阳人。盛唐著名文学家、诗人、书画家，是一位精通天文、地理、军事、医药、音律的一代通儒。

郑虔

郑虔自幼聪颖好学，资质超众，尤爱好书法和绘画。但屡试不第，穷得连纸张也买不起，就用慈恩寺贮存的柿叶习字。日复一日，他写完了好几屋子的柿叶。此举感动了庙里的住持，资助其纸张作画。经过几年刻苦的磨炼，郑虔终于艰难而玉成，他的书法、绘画和诗歌远近闻名。

郑虔擅长写诗和作画。他曾画了一幅画，还把自己作的诗写在上面，献给唐玄宗。玄宗一看，拍案叫绝，挥笔题写了“郑虔三绝”四个字。唐玄宗从此非常欣赏郑虔，曾专门为郑虔设置一所供官宦子弟读书的“广文馆”，任命郑虔为广文馆博士，传授学问，当时人称其为“郑广文”。

天宝十四载（755），安禄山叛军攻陷洛阳、长安，安禄山授郑虔为水部郎中，郑虔声称自己患病没有就职。两年后，因涉嫌安禄山事件，郑虔被贬为台州（治今浙江临海）司户参军。在台州设学馆，行教化之责，为台州的文化教育事业做出不少贡献。广德二年（764），郑虔不幸病逝时，至交杜甫闻之，不禁失声，无限惋惜，仰天悲号：“郑公粉绘随天夜，曹霸丹青已白头。天下何曾有山水，人间不解重骅骝。”

郑虔绘画内容比较广泛，既画山水，亦画人物，同时也画了许多宗教题材的画。他的山水画对后世影响较大，尤其在水墨画技法方面，有不少人向他学习用墨之法。唐代水墨画家王治、朱景玄称其作画“以墨泼”，“或挥或扫，或淡或浓，随其形状，为山为石，为云为水，应手随意，倏若造化”。历代美术史家认为他与王维一样是中国文人山水画的开创者，草书成就可与张旭媲美，高于怀素。此外，他还著有《天宝军防录》《胡本草》《会萃》等著作，表现了他在地理、历史、军事、医药等方面的造诣。

郑虔学富五车，精通经史，书画成就卓然一家。诗圣杜甫称赞他“荥阳冠众儒”“文传天下口”。

• 诗圣杜甫 •

杜甫（712—770），字子美，自号少陵野老，一号杜陵野老、杜陵布衣，世称杜少陵、杜工部。祖籍襄阳（今属湖北），自其曾祖时迁居巩县（今巩义西南）。杜甫的远祖为晋代功名显赫的杜预。祖父杜审言是武则天时的著名诗人。父亲杜闲曾任奉天令一职。杜甫一生坎坷，是我国唐代伟大的现实主义诗人、世界文化名人，被后人称为“诗圣”，与李白并称“李杜”。

杜甫自幼刻苦勤奋，聪明好学。7岁学诗，15岁扬名。青年时期，他曾游历过今江苏、浙江、河北、山东一带，足迹遍及大半

杜甫

杜甫

个中国，并结识了高适、李白等人，与他们建立了深厚的友谊。天宝五年（746）到长安，仕进无门，困顿了10年，才获得右卫率府胄曹参军的小职。安史之乱开始，他流亡颠沛，竟为叛军所俘；脱险后，授官左拾遗。乾元二年（759），他弃官西行，最后到四川，定居成都，一度在剑南节度使严武幕中任检校工部员外郎。晚年举家东迁，途中留滞夔州二年，后出峡，漂泊鄂、湘一带，贫病而卒。

杜甫生活在唐朝由盛转衰的历史时期，对官场的黑暗和民间疾苦感受深刻，他通过创作诗歌刻画出当时政治的黑暗、人民的疾苦，表达出对国家、对人民的关心和热爱。杜甫一生写诗1400多首，其诗歌以古体诗、律诗见长，风格多样，“沉郁顿挫”。其中很多是传诵千古的名篇，如《三吏》《三别》《茅屋为秋风所破歌》，表现出对人民大众疾苦的关心和同情；《春望》篇表现出他的爱国思想、关心国家的前途命运；《丽人行》讽刺杨氏兄妹的奢侈荒淫；《兵车行》谴责唐玄宗的穷兵黩武；《冬狩行》斥责地方军只知打猎取乐等，表现出对统治阶级各种祸国殃民罪行的痛恨。杜甫的诗深刻地反映了现实，能急人民之所急，痛人民之所痛，因此，杜甫被后人尊为“诗圣”，他的诗被誉为“诗史”。

杜甫是唐代杰出诗人，其诗作是唐诗的代表，广为流传并对后世影响深远。他善于运用古典诗歌的许多体制，并加以创造性地发展。他是新乐府诗体的开路人。他的乐府诗，促成了中唐时期新乐府运动的发展。他的五七古长篇，亦诗亦史，展开铺叙，而又着力于全篇的回旋往复，标志着我国诗歌艺术的高度成就。杜甫在五律、七律上也表现出显著的创造性，积累了关于声律、对仗、炼字炼句等完整的艺术经验，使这些体裁达到完全成熟的阶段。现有《杜工部集》传世。

• 诗魔白居易 •

白居易

白居易，生于772年，卒于846年，字乐天，号香山居士，又号醉吟先生，郑州市新郑人，是唐代伟大的现实主义诗人，唐代三大诗人之一。

白居易出生于书香世家，有良好的家庭教育环境，他的祖父、外祖父都善于写诗，他的父亲白季庚做过彭城县县令，徐州、襄州别驾，对他的教育和影响都很大。加上白居易从小就聪慧好学，五六岁就学写诗，八九岁就熟悉音律，十岁便能解所读之书。家庭环境的熏陶和影响，为他日后成为诗坛大家奠定坚实的基础。建中末年，发生藩镇叛乱，中原大地战火频发，白居易随家人被迫迁居江淮，颇历艰辛。漂泊动荡的日子，让白居易了解了民间的疾苦，也坚定了他立志报效国家的决心。贞元十六年（800），白居易在长安参加进士考试，得中第四，开始风云仕途。白居易先后任翰林院学士、左拾遗、赞善大夫、苏杭刺史、河南尹、刑部尚书等职，丰富的履历，报效国家的决心，使得白居易一生居官都在为国家昌盛呼号，为百姓疾苦呐喊，篇篇奏疏，长长白堤，铭刻着白居易为国为民的拳拳之心。

白居易一生最伟大的成就在于他的文学创作，他积极倡导“新乐府”运动，主张“文章合为时而著，歌诗合为事而作”，强调继承《诗经》“风雅比兴”的传统和杜甫的创作精神，反对“嘲风雪，弄花草”而别无寄托的作品。白居易的讽喻诗广泛而尖锐地揭发了时政弊端和社会矛盾，民生困苦也跃然诗中。

白居易

白居易的讽喻诗歌，最大的艺术特色是题材集中。白居易一般只选择最典型的一件事，突出一个主题，“一吟悲一事”，主题非常明确。为使主题更明确传达给读者，或诗题下加小序点明主题，或“卒章显其志”突出主题。

白居易诗歌的艺术特色还表现在刻画人物上，他能抓住人物的特征，用白描方法勾勒出鲜明生动的人物形象。但白诗的诗意并不浅显，他常以浅白之句寄托讽喻之意，取得很好的艺术效果。《轻肥》一诗描写了内臣、大夫、将军们赴会的气概和席上酒食的丰盛，结句却写道：“是岁江南旱，衢州人食人”，这是一幅多么惨烈的情景。

白居易的主张和创作实践，使他成为继杜甫之后的中国历史上又一位伟大的现实主义诗人。

白居易写诗强调人人能懂的原则，他的诗几乎篇篇浅显易懂，用平常的话，写平常的事，明白自然，人人都能够领略。平易是白居易诗歌的极高境界，是一般诗人很难达到的。白居易的诗歌平易，同叙事写情紧密联系，意到笔随，挥洒自如，区尽情致，感人至深。正是白居易内容的深刻和风格的平易，才使得他的作品非常流行，进而传播迅速，在当时就已经达到家喻户晓、妇孺皆知，而且广播海外，朝鲜、日本等国更是推崇备至。

白居易传说

白居易的诗歌，在形式上多姿多彩，内容上五彩缤纷，数量上蔚为大观，至今能读到的还有3000多首。其中《秦中吟》《新乐府》《长恨歌》《琵琶行》《卖炭翁》等更是传唱不衰。

白居易与元稹共同倡导新乐府运动，世称“元白”，与刘禹锡并称“刘白”。白居易的诗歌题材广泛，形式多样，语言平易通俗，有“诗魔”和“诗王”之称。有《白氏长庆集》传世。公元846年，白居易在洛阳逝世，葬于香山，李商隐为其写墓志。今日郑州新郑，保留有白居易祖父之墓和白氏宗祠。

北宋建筑大师李诫

李诫（?—1110），字明仲，北宋管城（今郑州市）人，我国古代著名的建筑学家。

李诫

李诫出生于官宦家庭，其曾祖父李惟寅、祖父李惇裕、父亲李南公、兄弟李譓，都供职于朝廷。从元祐七年（1092）李诫开始在将作监（主管土木建筑工程的机构）供职，历任将作监主簿、监丞、少监和将作监，前后共达13年，主持营建了不少城门、宫殿、府邸、寺庙等建筑。仅因嘉奖记录在册的就有五王邸、辟雍、尚书省、龙德宫、棣华宅、朱雀门、景龙门、九城殿、开封府廨、太庙等。

李诫最为重要的贡献是他亲自主持编修了著名的建筑巨著《营造法式》。绍圣四年（1097），李诫受命重新编修《营造法式》（原名《元祐法式》），元符三年（1100）完成，徽宗崇宁二年（1103）颁行。

《营造法式》全书分为四个部分：一是“名例”，规范和解释建筑术语。二是“制度”，指出泥作、瓦作、木作、雕作等13个工种的任务和技术标准。三是“功限料例”，制定施工人数和材料的定额。四是“图样”，绘出建筑样式和各种构件的详细图纸。这是我国古代的一部具有法典性质的建筑手册。

《营造法式》具有高度的科学价值，它在中国古代建筑史上起着承前启后的作用。元朝水利工程技术中关于筑城部分的规定，几乎和《营造法式》的规定完全相同。明朝的《营造法式》和清朝的《工部工程做法则例》也吸收了其中很多内容。《营造法式》是研究我国古代建筑的珍贵资料。我国著名建筑学家梁思成、林徽因也是从学习《营造法式》开始进入建筑领域的。当代国内外建筑学界对李诫和《营造法式》给予高度重视，李诫被称为“营造法祖”。

李诫知识渊博，还著有《续山海经》《琵琶录》《续同姓名录》《马经》《六博》《古篆说文》等著作多部。他的书画深受书画行家宋徽宗的好评，可惜这些作品均已失传。

明代改革家高拱

高拱

高拱（1512—1578），字肃卿，号中玄，河南新郑人，光禄寺少卿高尚贤次子，明代吏部尚书、内阁首辅。

高拱自幼勤奋好学，胸有大志。世宗嘉靖二十年（1541）考中进士，选为庶吉士，初任翰林院编修。不久，担任裕王侍讲，历时9年。后任太常卿，国子监祭酒。嘉靖四十一年（1562），任礼部左侍郎，后升为尚书。嘉靖四十五年（1566），经内阁首辅徐阶推荐，拜文渊阁大学士，参与国家军政大事的议决。穆宗即位后，高拱进少保兼太子太保，再进少傅兼太子太傅、吏部尚书。后因与徐阶不合，遭弹劾，隆庆二年（1568）称病乞请归乡。徐阶去职后，隆庆三年（1569）八月，召高拱回朝，兼掌吏部，成为内阁首辅。

高拱步入政坛的时候，正是明王朝处于内外交困之时，他以天下为己任，大胆进行内政改革。为了扭转吏治败坏、机构瘫痪的局面，他提出：“非大破格整顿，必不能易为治。”在选任官员上，强调量才授职，扬长避短，重用有才能的年轻人。他十分重视军事人才的选任，提出高级军事将领与军官应从下级军官中选拔，要把那些有勇有谋又通晓军事的人提拔到领导岗位上来。针对赏罚混乱的情况，重新审定赏罚奖惩制度。打击行贿受贿，严惩贪污，主张对于主动退出收受贿赂的官员予以表彰。

高拱不仅是一位政治家，而且还致力于思想史研究。他认为感觉、经验是人认识事物的源泉。人们的知识都是通过不断学习才得来的。他不囿于先儒成说，以为“其不能得者亦不可强从”。他很赞同同时代思想家王廷相的观点，认为理在事物，无其事即无其理。他对“权”字更有一套独到的见解，把“权”与“经”比作秤上的“锤”和“衡”，他认为，权和经是对立的统一体，凡事皆有经，其事实行时应认真权一下，使权与经得以统一。在“义”和“利”的问题上，认为只要摆正“义”和“利”的关系，言利也不是不好，痛斥了“君子不言利”的迂腐观点。他还认为，正因前人没有把握住这种关系，才造成“经制之略置之不讲”，善理财者不闻。他自己十分重视理财，重视有关国计民生的政务，主张务实。他的学术思想正是他行使政务、取得政绩的思想根源。

高拱素好读书，为文不好辞藻而深重有力。他著述甚富，有《问辨录》《春秋正旨》《本语》《边略》等，后人将其辑为《高文襄公集》。

高拱是一位有作为的政治家和改革家，在执政期间，力主革除弊政，出现了“一时仕路顿清”的局面，对于扭转明朝腐败的政治局面、缓和社会矛盾起到了一定作用，也为后来张居正的改革奠定了基础。

穆宗去世，神宗继位，高拱作为顾命大臣之一，拟削夺宦官的权力，收缴司礼监之权归内阁，结果遭到宦官冯保的暗算，从此结束了宦海生涯，回到故里闭门发愤著书，卒于家中，葬于新郑城北郊。神宗万历三十年（1602），得以昭雪，谥文襄。

高拱的传说

• 地质学家张伯声 •

张伯声（1903—1994），又名遹骏。河南荥阳人。构造地质学家、中科院院士，中国地质学界五大构造学派之一——波浪状镶嵌构造学说的创始人。

张伯声幼年就学于农村，经常参与农事，深知农民疾苦。1913年进荥阳县城高小学习，喜爱自然地理。1926年毕业于北京清华学校，以优异成绩被保送赴美留学，先后在芝加哥大学和斯坦福大学地质系研究部攻读地质学。1930年回国，先后在焦作工学院、河南大学、北洋工学院、西北大学任教授。后任西北大学副校长、西安地质学院院长。1980年当选中国科学院学部委员（院士）。

张伯声在执教期间，还致力于地质科研及实践，足迹遍及祖国大江南北，为国家地质学理论和矿产事业做出了特殊的贡献。他的地质科研及实践主要集中在五个方面，首先，是地质矿产工作。1950年夏，张伯声经过考察发现了全国著名的两个大型沉积矿床：巩县铝（铁）钒土矿和平顶山煤矿。这两个大型沉积矿床的发现，带来了可观的经济效益和社会效益，为中华人民共和国成立初期国民经济的恢复做出了贡献。其次，是前寒武纪地质研究。抗日战争期间，张伯声在陕南发现前人把汉中—西乡一带出露的大片花岗岩定为中生代燕山期“花岗岩基”有误，并在论文《陕西汉中区之前震旦纪地质》中进行详细论述，重新确定了这里的构造性质。这对中国前寒武纪研究及这一地区的经济建设都有重要的意义。1950年，他在嵩山南麓首次发现太古界杂岩和元古界石英岩之间的不整合接触面，并命名相应的地壳运动为“嵩阳运动”。这个名称一直被地质学界所沿用。第三，是对第四纪地质与新构造运动的研究。张伯声在1956年黄河水利资源调查中，根据黄河流域每个盆区的黄土分布各有一个统一的最高线的现象，提出“黄土线”的概念及对黄河河道发育史的新看法，为第四纪地质及水文工程研究辟出新径。第四，是有关地震地质的研究。张伯声在20世纪60年代创立了“镶嵌构造学说”，提出整个地壳是由一级套一级的地壳块体同构造活动带镶嵌起来构造的原理。他用波浪镶嵌观点分析地震活动规律，发表《地震同地壳波浪状镶嵌构造关系初探——兼论陕西地震趋势》和《地壳的波浪状镶嵌构造同中国的矿产和地震的关系》的论著，划分了中国地震网络，指出地震活动基本上是在两组斜向构造带内，周期地、交互地做跳动式迁移的规律，为地震预报预测提供了科学的理论依据。第五，创立了波浪状镶嵌构造学说，被誉为中国五大地质构造学派之一，这是张伯声对地球科学最重要的贡献。

张伯声从事地质教育和研究事业60多年，一生撰写的地质学术论著、译著等共90余篇（本）。其代表论著有《嵩阳运动和嵩山区的五台系》《中国地壳的波浪状镶嵌构造》《辩证的地质学》《豫西煤田地质》《从黄土线说明黄河河道的发育》《中国大地构造图》等。1986年，他又负责编制了《中国地壳的波浪状镶嵌构造》。

张伯声一生以“天行健，君子以自强不息”为座右铭，长期奋力拼搏，潜心求索，勇于开拓。他坚持理论联系实际，刻苦钻研，思维敏捷，在地质教育和科学研究方面有卓越贡献。他凭这种“活到老，学到老”的治学精神，成为后辈学习的榜样。

• 当代作家魏巍 •

魏巍

魏巍（1920—2008），原名鸿杰，曾用笔名红杨树，河南郑州人。当代诗人，著名散文作家、小说家。

魏巍童年及少年时期曾就读于“平民小学”及简易乡村师范，开始接触文学作品并产生了浓厚阅读兴趣。后成长为一位长期生活在部队的颇负盛名的优秀作家。他的诗歌、报告文学、小说、散文、杂文都及时反映现实生活，洋溢着饱满的政治热情，他擅长把叙事、写景、议论、抒情巧妙地融为一体，语言朴实优美，深受广大读者的喜爱。

1937年抗日战争爆发后，魏巍即赴山西前线参加八路军，后转至延安，入抗日军政大学学习，毕业后在晋察冀边区从事部队宣传工作，其间创作了不少宣传抗日、反映边区人民抗日斗争的街头诗、抒情短诗和通讯。从1939年至1949年，他主要从事诗歌创作，先后发表了《好夫妻歌》《黎明的风景》《寄张家口》等诗歌作品，其中1942年创作的长诗《黎明的风景》，因成功地表现了抗日斗争的生活而获晋察冀边区文学艺术界联合会颁发的“鲁迅文艺奖金”。中华人民共和国成立后，魏巍专事散文及小说的创作，曾在1950年至1958年间三次赴朝鲜，写下了奠定其文学地位的散文《谁是最可爱的人》《在汉江南岸的日日夜夜》《年轻人，让你的青春更美丽吧》《依依惜别的深情》等作品。其中，描写抗美援朝战争的《谁是最可爱的人》一文，入选中学语文课本，影响了数代中国人。从1959年至1978年，历时约20年创作了著名的长篇小说《东方》，以史诗般的笔触，热情而又深远开阔的思想，表现了壮烈的抗美援朝战争生活，因而荣获中国首届“茅盾文学奖”。

改革开放后，魏巍还创作了长篇小说《地球的红飘带》。

豫剧大师常香玉

常香玉（1923—2004），原名张妙玲，河南巩义人，中共党员，著名豫剧表演艺术家。她汲取戏曲传统之精华，刻意创新，尤以吐字清晰为特点，形成了独具一格的常派艺术。为发展豫剧艺术做出了不可磨灭的贡献，是一位德艺双馨的人民艺术家。

出身艺人家庭的她，自幼随父张福仙学戏，9岁去密县太乙新班搭班，拜翟燕身、周海水为师，并随义父姓改名为常香玉。初学小生、须生、武丑，后专攻旦角。10岁即登台演出，13岁以演出新改编的《西厢记》而闻名开封。1938年后因病不能再演武戏，潜心钻研青衣、花旦表演和说白的改革。

常香玉在艺术上勤奋好学，勇于革

常香玉

新，曾广泛吸收京剧、评剧、秦腔、河南曲剧、坠子、大鼓等艺术之长，以丰富自己的唱腔和表演。同时把风格不同的各种豫剧唱腔——豫东调、祥符调、沙河调等，融会于豫西调中，独创新腔，使常派成为豫剧中的一支主要流派。她的演唱字正腔圆，运气酣畅，韵味淳厚，格调新颖，以声绘情、以情带声，多彩多姿，雅俗共赏，表演刚健清新、细腻大方，内涵深邃、性格鲜明。在表达人物内在的思想感情上，细致入微，一人一貌，栩栩如生。代表剧目有《拷红》《白蛇传》《花木兰》《战洪州》《大祭桩》和现代戏《人欢马叫》《红灯记》等。

常香玉还是著名的爱国人士。1951年6月，全国掀起了为抗美援朝志愿军捐献飞机、大炮、坦克等武器的运动高潮，各行各界的人士都积极投身于捐献活动。常香玉领导的“香玉剧社”决心到全国一些大城市巡回义演，为志愿军购买一架战斗机。为此，常香玉卖掉了卡车，拿出多年的积蓄，作为捐献义演的资金。1951年8月7日，常香玉带领剧社人员从西安出发，先后在开封、郑州、新乡、武汉、广州、长沙等6个城市进行了半年的巡回义演，演出170多场，观众达30多万人，他们在各地受到人民群众的热烈欢迎。经过半年的巡回义演，以演出收入捐献“香玉剧社号”战斗机一架，因此获得“爱国艺人”之誉。

此外，常香三在繁忙的演戏之余，致力于豫剧人才的培养。1948年，她就在西安创办香玉剧校，致力于培养青年演员，中华人民共和国成立后改为香玉剧社。此后还曾任河南省戏曲学校校长、河南豫剧院院长。

1979年，常香玉因其在豫剧领域的杰出成就而当选为中国戏剧家协会副主席，1994年6月荣获“亚洲最佳艺人终身成就艺术奖”，1995年被国务院授予“全国先进工作者”称号。2004年，国务院追授其“人民艺术家”荣誉称号。

寻根问祖

——从万姓宗祖到华夏寻根

姓氏是人的符号标志，是一种能超越时空、记载人们血脉传承的东西。参天之木，必有其根，环山之水，必有其源。追本溯源是中华民族的传统美德，寻根是一种完全意义上的文化认同。对于我们中华民族来说，寻根归宗意识更甚于世界其他民族，这也是中国文化强大凝聚力的血脉之源。

中华姓氏，导源于上古，传续至今，在漫长的历史进程中，离合演化，甚是繁杂。草木祖根，山祖昆仑，汇海祖源，滔滔黄河养育了中华儿女，中国许多姓氏都发源于黄河流域。炎黄子孙的人文始祖——黄帝，就出生在今郑州新郑。华夏民族绝大多数的“根”都能在这里找到出处，郑州是亿万炎黄子孙寻根祭祖的朝拜圣地。

据史载，郑州地区的新郑最早是少典族居地，春秋《国语·晋语》说黄帝是有熊国君少典之子，本姓公孙，生于轩辕之丘（在今新郑市黄帝故里），因名轩辕，号轩辕氏，长于姬水，改姓为姬，继少典为有熊国国君，建都于有熊（新郑）。他开创了中华文明时代，使郑州地区首次成为当时全国的政治、经济和文化中心。史书记载，黄帝有25子，得姓者14人，为12姓。其后的少 、颛顼、帝喾、帝尧、帝舜，以及夏族、商族、周族等皆黄帝子孙。战国《世本》统计，黄帝直系子孙到先秦时代，已在全国各地建101个诸侯方国，分衍540多个姓氏，其中仅姬姓青阳一支就分衍430多个姓氏。

到夏商时代，夏朝开国建都于阳城（今登封），商朝建都于亳（今郑州）。夏、商两朝在此建都时间长达数百年，继续实行分封制，又产生了一批姓氏。

西周至春秋战国时代，管国、东虢国、郐国、郑国、韩国等相继在郑州境内建都，时间长达1000多年，郑州地区又成为中原地区的核心，产生的姓氏最多。据不完全统计，起源于郑州地区的姓氏达300多个。

新郑黄帝故里

• 熊　姓 •

熊姓有两个起源，其中一个出自姬姓，是以号为姓，出自有熊氏轩辕黄帝。后汉班固《白虎通义》、应劭《风俗通义》、1982年版《辞源》及许多史书记载，黄帝是有熊国君少典之子，继承少典为有熊国君，号有熊氏。其后，黄帝的后代有以熊为姓。这支熊姓，得姓始祖是有熊氏轩辕黄帝，得姓之地在有熊，即今新郑市。

根据2007年公安部的统计：熊姓在前100个大姓中位列第71。

黄帝作为包括熊姓在内的众多姓氏的始祖，自古以来一直受到后代子孙的祭拜。黄帝去世之后，他的大臣左彻就在有熊国建祠立庙，削木为黄帝像，每年率领群臣和诸侯拜祀黄帝，以后历代相沿不衰。20世纪90年代初，每年的农历三月初三，河南省都在这里举行炎黄文化节或黄帝故里拜祖大典。

姓氏篆书

·高　姓·

高姓最早起源于黄帝臣高元。战国时的《世本》、清代张澍的《姓氏寻源》和民国年间臧励和的《姓氏考略》等都说，黄帝臣高元建造宫室，为高氏之始。许多姓氏书籍还说黄帝居有熊，新郑古为有熊国，故高姓得姓之地在今河南新郑。高元所建造的宫室是上有木架结构的梁椽，四周有围墙，并分内室外厅的房子。这是高姓始祖对人类发明的一大贡献。

根据2007年公安部的统计，高姓在前100大姓中位列第18。

·常　姓·

常姓最早起源于黄帝臣常先、常仪。清代张澍的《姓氏寻源》和民国年间臧励和的《姓氏考略》都说，常先是黄帝臣，任大司空之职，是掌管工程建设的官。另一位名叫常仪，也是黄帝臣，是掌管观测日月星象的官。这两个人的后代有以常为姓。出自黄帝臣常先、常仪的常姓，得姓之地在今河南新郑。1994年版《中原寻根》说："常先、常仪是常姓的始祖之一，他们是黄帝的臣子，而黄帝是中原各族的共同祖先，居于轩辕丘，国于有熊，其地在今河南新郑……常先、常仪的居地也应在河南新郑一带。"常先、常仪为黄帝有熊氏族的成员。

当今常姓人口约有234万，约占全国总人口的0.18%，在中华姓氏中位列第94位。

·龙　姓·

龙姓最早起源于黄帝臣龙行。清人张澍的《姓氏寻源》和2009年河南省社会科学院编的《中华姓氏河南寻根》等书称，黄帝臣名龙行，是中国历史上最早出现的龙姓。当今许多姓氏书记载，黄帝居有熊，龙行是黄帝的一名大臣，因此最早一支龙姓出自新郑市。

龙

当今龙姓约有人口312万，约占全国总人口的0.24%，在中华姓氏中位列第85位。

·许　姓·

许姓出自姜姓，出自著名贤士许由。唐代颜师古的《急就篇》、宋代文天祥的《五云下造许氏初修族谱序》，以及清代蒋廷锡

许

《古今图书集成·氏族典》等记述，许由是一位隐士，字武仲，居于阳城（今登封告成）。帝尧听说他是一位大贤人，要把君位让给他，他坚决不接受，就躲避到箕山（今登封）隐居，自己耕种田地为生。后来，帝尧又劝说他做九州长官，他以为这些话是世俗浊言，就到颍水河边以水洗自己的耳朵，以示自己的高洁。许由死后葬于箕山，他的后代为纪念他，有以许为姓。这支许姓，得姓始祖是许由，许由是神农氏炎帝18世孙。得姓地望在箕山，即今河南登封。

当今许姓约有人口702万，约占全国人口的0.54%，在中华姓氏中位列第34位。

海内外许氏为了敦亲睦族，加强团结，共谋发展，在世界各地成立了许氏宗亲组织。目前，已有世界许氏宗亲总会、日本许氏宗亲会、菲律宾许氏宗亲会、新加坡许氏宗亲会、泰国许氏宗亲会、侨港许氏宗亲会。1982年，第一届许氏宗亲恳亲大会在台北市举行，以后每两年举行一次。至2004年共举行了11次。其间世界上许多许氏宗亲组织到河南登封等地进行联谊活动，寻根拜祖。2008年，在登封市举行了全国许由文化研讨会暨2008年许氏箕山祭祖活动。

·夏　姓·

夏

夏姓出自子姓，是以国为姓，起源于夏王朝。汉代司马迁《史记·夏本纪》、唐代林宝《元和姓纂》、南宋郑樵《通志·氏族略》等都说，相传帝尧时，中原地区洪水泛滥。帝尧先命鲧治水，鲧采用围堵的方法治水，失败了。帝尧又命鲧的儿子禹治水。禹总结了父亲鲧治水失败的经验教训，采用疏导的方法，结果成功了。因治水有功，帝舜时，封于夏（今登封阳城）。禹死后，禹的儿子启继位，建立了夏王朝。夏王朝被推翻后，夏朝的贵族为纪念自己的国家，以国为氏，称夏氏。这支夏姓，得姓始祖是大禹，禹是黄帝五世孙，得姓之地在今河南登封（一说禹州）。

当今夏姓有人口500多万，约占全国人口的0.39%，在中华姓氏中排第55位。

·郭　姓·

郭

郭姓出自姬姓，是以国为姓，起源于虢国。唐代林宝《元和姓纂》、北宋欧阳修《新唐书·宰相世系》、民国年间臧励和《姓氏考略》等都说，西周初，周武王封周文王的弟弟姬仲于虢地（在今陕西宝鸡），建立虢国，史称虢公，后世称为西虢。同时，又封周文王的弟弟姬叔于虢地（在今荥阳），也建立虢国，史称虢叔，为区别于西虢，世称东虢。其中的西虢国后来迁至上阳（今三门峡境内），东虢国在周平王东迁时，被郑国的国君郑武公吞并。东虢国灭亡后，其子孙为纪念自己的国家，以虢为氏。虢与郭同音，后转为郭氏。东虢国的开国君是虢叔，是这支郭姓的始祖，得姓之地在今荥阳。

当今郭姓约有人口1495万，约占全国人口的1.15%，在中华姓氏中排第17位。

•管　姓•

管

管姓出自姬姓，是以国为姓，起源于管国。汉代司马迁《史记·管蔡世家》、唐代林宝《元和姓纂》、宋代邓名世《古今姓氏书辨证》以及南宋郑樵《通志·氏族略》等，都说管姓源于周文王的第三个儿子管叔鲜。西周初年，周武王大封诸侯，将殷纣王的儿子武庚禄父封在殷商旧地为诸侯，继承殷商的香火。但是周武王对武庚禄父不放心，派自己的三个弟弟叔鲜、叔度、叔处，史称周三监，监视并辅佐武庚禄父管理殷商遗民，于是就把管地（今郑州一带）封给了叔鲜，让他在这里建立管国，史称管叔鲜。周武王死后，他的儿子姬诵继位，史称周成王。周成王年纪很小，不能理政。周文王的第四个儿子周公旦就辅佐周成王主持朝政。对此，管叔鲜等很不满意，以为自己是周公旦的兄长，应该由自己来主持朝政，于是就同蔡国国君蔡叔度、殷纣王的儿子武庚禄父造反，夺取政权。这次叛乱很快被周公旦镇压下去，管叔鲜被杀。管国至春秋初，被迁往河南新郑建都的郑武公所灭，管国的贵族为纪念自己的国家改姬姓为管姓。由此可知，管姓的得姓始祖是管叔鲜。得姓之地在管地，即今郑州境内。今荥阳市广武乡南城附近有管叔鲜墓。

当今管姓在中华姓氏中排第140位。

•冯　姓•

冯

冯姓起源有二，皆出自姬姓，均在郑州地区。一支起源于周文王的第十五个儿子毕公高的后代魏长卿。汉代司马迁的《史记·魏世家》、唐代林宝的《元和姓纂》、宋代陈彭年的《广韵》都说，周文王的第十五个儿子名叫姬高，在推翻殷商王朝的战争中立下大功，被封于毕（今陕西咸阳东北），建立毕国，史称毕公高。毕公高的后代毕万在晋国为大夫，辅佐晋献公灭魏（今山西芮城东北），晋献公就将魏地封给毕万，称魏氏。毕万之后建立魏国，魏国王室有一支名叫魏长卿，食采于冯城（今荥阳西），以封邑冯为姓。因此，这支冯姓的始祖是魏长卿。得姓之地在今荥阳。

另一支冯姓出自春秋晚期郑国大夫冯简子。战国《世本》、南宋郑樵《通志·氏族略》都说冯姓出自郑国大夫冯简子的后代。春秋左丘明《左传·襄公三十一年》记载，冯简子是郑简公时的大夫，曾辅佐宰相子产执政。郑国有重大决策，尤其是对外事务，子产都请冯简子进行决断。冯简子是一位谋略家。这支冯姓的始祖是冯简子，冯简子也是黄帝裔孙。得姓之地在今新郑。

当今冯姓约有人口832万，约占全国人口的0.64%，在中华姓氏中排第27位。

•郑　姓•

郑

郑姓出自姬姓，是以国为姓，起源于郑国。汉代司马迁《史记·郑世家》和宋代欧阳修《新唐书·宰相世系》等都说，周宣王二十二年（前806），宣王封他的弟弟姬友于棫林（今陕西华县），建立郑国，史称郑桓公。他同时又兼职西周王朝的司徒，掌管土地和户籍。到了周幽王时，他见幽王昏庸无道，残害忠良，宠幸美女褒姒，不理朝政，预感到西周将亡，屡次向幽王谏言，而幽王不听。为求自保，他听从太史伯的建议，将家属、商人和一些财产送到洛阳以东，以新郑、新密和荥阳为中心的一带，作为日后发展的基础。周幽王十一年（前771）发生了“犬戎之乱”，也就是西部的犬戎族攻打西周京都镐京（今陕西西安）。在保卫周幽王和镐京的战争中，郑桓公为国捐躯，周幽王被犬戎兵杀害。郑桓公死后，他的儿子掘突继承郑国国君的位置，史称郑武公。郑武公是一位具有雄才大略的政治家，他先是帮助周平王将周王朝的国都由镐京东迁到洛邑（今河南洛阳），又先后灭了东虢国（今荥阳）和郐国（今新郑、新密一带）以及其他诸侯小国，在新郑地区的溱、洧二水之间修筑新都城，建立新的郑国。至周烈王元年（前 375），郑国被韩国所灭。郑国从郑桓公开国到灭亡，经历了 14 代 23 个国君，共 432 年，其中在新郑经历了 13 代 22 个国君 395 年。郑国灭国后，郑国的贵族为逃避韩国人追杀，大都逃亡到陈国（都今周口淮阳）和宋国（都今商丘）之间一带。他们为纪念自己的国家，改姬姓为郑姓。由此可知，郑姓的始祖是郑国的开国君郑桓公。郑姓是因灭国而得姓，得姓之地在今郑州地区。至今，郑韩故城历 2000 多年仍岿然屹立，1961 年，被国务院首批公布为全国重点文物保护单位。这里已发现郑国贵族陵墓 3000 多座，有郑武公墓、郑厉公墓、郑子婴墓、祭仲墓、子产墓等，郑老庄村有郑氏宗祠。陕西省华县有郑桓公墓，河南省新密市有郑庄公墓、郑昭公墓，荥阳市有郑氏宗庙。

当今郑姓约有人口 1014 万，约占全国人口的 0.78%，在中华姓氏中排第 23 位。

郑氏郡望主要是荥阳郡。荥阳郡设于三国魏正始三年（242），治所最初在今荥阳市，隋朝迁移今郑州市。荥阳郡包括北至黄河以北的原阳县，南至新郑、新密、洧川，东至开封、朱仙镇，西至荥阳西。汉至隋代荥阳郡郑氏多集中于开封。其间，晋代简文帝的母亲郑阿秀（太后）出自荥阳县，北魏大臣郑俨出自荥阳。唐代有20多名郑氏大臣或名人出自荥阳。

1992年12月，“世界郑氏宗亲'92荥阳祭祖大会”在河南荥阳郑氏宗祠举行，来自美国、加拿大、菲律宾、泰国、马来西亚和中国福建、香港、台湾的郑氏宗亲170多人参会拜祖。1994年9月，“纪念郑桓公受封立国2800周年”活动在荥阳郑氏宗祠举行，来自美国、泰国、加拿大、菲律宾、马来西亚、新加坡、印度尼西亚和中国香港、澳门、台湾的郑氏宗亲400多人参加。2004年10月，在荥阳市举办“中国荥阳首届郑氏文化节”。2009年7月，世界郑氏宗亲联谊总会会长、副会长及秘书长一行50多人，先到新郑市考察郑国故城、郑王陵，在郑武公陵举行寻根拜祖活动，后到新密市的郑庄公墓、荥阳市的郑氏宗祠和陕西省华县的郑桓公墓举行寻根拜祖活动。

• 段　姓 •

段姓出自姬姓，是以字为姓，起源于郑武公之子共叔段。唐代林宝《元和姓纂》、

段

宋代欧阳修《新唐书·宰相世系》、南宋郑樵《通志·氏族略》等都说，起源于郑国国君郑武公的二儿子共叔段。关于共叔段，春秋《左传·隐公元年》记载，春秋初期，郑武公的夫人姜氏生二子，长子名叫寤生，出生时是难产，他的母亲姜氏很不喜欢他；二儿子名叫叔段，特别讨母亲的喜爱。寤生和叔段长大后，按照祖上的规制，应该立寤生为太子。但是姜氏讨厌寤生，三番五次请求郑武公立小儿子叔段为太子，遭到拒绝。后来，郑武公去世，寤生成了郑国国君，史称郑庄公。郑庄公是一位有雄才大略的政治家。姜氏就以母亲的身份向他施压，先是要求庄公将郑国的一个重要城邑封给叔段，庄公没有答应，后要求将郑国的第二个大城邑京城（今荥阳东南）封给叔段，庄公无奈只好答应了母亲的要求。叔段到京城之后，在母亲的暗中唆使下，又是修城，又是招兵，准备攻打郑国国都（今新郑）。后来，叔段发动了叛乱。郑庄公派兵攻打京城，京城的百姓都反对叔段。叔段逃到共国（今新乡辉县），史称共叔段。郑庄公去世后，他的儿子郑厉公将共叔段的孙子定叔及其家人接回郑国。定叔为纪念共叔段，就以祖父的字段为姓。由此可知，段姓的始祖是共叔段。得姓之地在郑国国都，即今新郑。

当今段姓约有人口299万，约占全国人口的0.23%，在中华姓氏中排第87位。

与共叔段相关的古迹有郑韩故城和京城。郑韩故城位于新郑市区双洎河（古洧水）和黄水河（古溱水）之间的高台地上，春秋初，郑武公迁都于此。京城位于荥阳市东南10千米处，今存旧城墙八段。

• 韩　姓 •

韩

韩姓出自姬姓，以国为姓，起源于韩国。后汉应劭的《风俗通义》和唐代林宝的《元和姓纂》等书记载，公元前11世纪，周公姬旦分封周成王姬诵的弟弟于韩地（在今山西河津东北），建韩国。至公元前544年，韩国被晋国所灭。韩国灭亡之后，韩国贵族有改姬姓为韩姓，这是最早的以国为姓的韩姓。到春秋时晋国大夫姬万有功于晋国，被晋武公封于韩原（在今山西芮城，一说在今陕西韩城西南），世称韩武子。韩武子的曾孙名叫韩厥，韩厥的七世孙韩虔与晋国大夫赵氏、魏氏“三家分晋”，瓜分了晋国，建立韩国，建都平阳（在今山西临汾西南）。至公元前403年，鉴于韩、赵、魏三家分晋已成事实，被周威烈王正式承认为诸侯国。韩虔世称韩景侯。韩景侯传至哀侯时，即公元前375年，韩国发兵攻打郑国，灭郑，将国都由阳翟迁至郑国都城（在今新郑）。韩国自哀侯始，在新的韩都传懿侯、昭侯、宣惠王、襄王仓、僖王咎、桓惠王、韩王安等7位国君，总计145年。公元前230年，韩国被秦国所灭。韩王安的子孙为了纪念自己的国家，再次改姬姓为韩姓。因此，许多姓氏书说，出自今河南新郑的韩姓，是“复以韩为姓”。由此可知，出自今河南新郑的韩姓始祖是韩国开国君韩景侯韩虔，得姓之地在今河南新郑。至今历2000多年的韩国故城仍岿然屹立。韩国的宫殿、太庙、社稷、铸铁、铸铜、凌阴井、大型陶窑场等遗址尚存。1961年，韩国故城被国务院首批公布为全国重点文物保护单位。

当今韩姓约有人口884万，约占全国人口的0.68%，在中华姓氏中排第25位。

• 何　姓 •

何姓与韩姓同源。唐代林宝《元和姓纂》、南宋郑樵《通志·氏族略》等都说，何姓即韩姓，何是韩的讹音，是从韩国而来。

韩国是从晋国分裂出来的一个诸侯国。西周初年，周成王姬诵封他的弟弟姬叔虞于唐（今山西翼县西），建立晋国，史称唐叔虞。传至唐叔虞的第十一代孙姬万，任晋国大夫，因功被封于韩原（在今山西河津东北），世称韩武子。韩武子的曾孙名韩厥，韩厥的七世孙名叫韩虔（即韩景侯），到晋列公时，韩虔、赵籍、魏斯三大家族瓜分晋国，韩虔建韩国，都于平阳（在今山西临汾西南），史称韩景侯。传三世孙至韩哀侯，出兵攻打郑国，灭郑，迁都于新郑。公元前230年，韩国被秦国所灭。韩国贵族为逃避秦兵追杀，纷纷逃离韩国，其中有一部分逃亡到淮河和长江流域一带。这些贵族为纪念自己的国家，改姬姓为韩姓。“韩”字在江南一带读音“何”，于是韩姓讹为何姓。由此可知，这支何姓的始祖是韩虔，即韩景侯，得姓之地在今河南新郑。至今，韩国故城历2000多年仍岿然屹立，是当今世界上保存最为完整的一座春秋战国时期都城。

当今何姓约有人口1500万，约占全国人口的1.17%，在中华姓氏中排第18位。

何姓十分重视宗亲盛情，他们在海内外各地组建宗亲组织，奉祀祖先，加强联谊，共谋发展，造福社会。1954年，组建新加坡庐江何氏总会。1989年，成立菲律宾庐江何氏宗亲会。至今在中国河南、福建、香港、澳门、台湾、安徽、广东等地都建有何氏宗亲组织。在海外新加坡、马来西亚、菲律宾、泰国、印度尼西亚、缅甸、越南、加拿大、美国等地建何氏宗亲会。1994年9月，第一届何氏宗亲恳亲大会在马来西亚首都吉隆坡举行，之后每年在各地轮流举行一次。第二届何氏宗亲恳亲大会在新加坡举行。1998年5月31日至6月5日，世界华商大会英国委员会主席何荣佳率团到河南新郑韩王陵进行祭祖活动，捐资12万元，修缮韩王陵葬马坑和王行庄小学。2008年，第十八届世界何氏宗亲恳亲会在中国澳门举行。

古城印象

——残垣断壁下的文明驿站

郑州以其特殊的地理位置和人文传统，在中国历史上发挥着重要的作用，仅目前已查明的古城址达100余处，其中都城旧址3处，诸侯封国城址10余处，古军事重镇与其他城址80余处。这些城池像一座座历史的驿站，记述着历史的兴废。这些古城，有些已被历史的风尘掩埋，只有残垣断壁告诉人们，这里曾经辉煌。有些在历史的叠压中历代赋新。其中郑州商城、新郑郑韩故城、登封嵩阳县城、荥阳京城、郑州古荥阳城、巩义旧县城——站街镇等一直沿用至今。这不仅是悠久历史文化的传承，同时也给我们留下了许多珍贵的财富和美好的回忆。

• 三千年古商都 •

从黄河北岸遥望，群山起伏，坐落在五龙峰的炎黄二帝巨型塑像浑厚古朴，大禹手持耒耜矗立山巅，万绿丛中露出一片片黄色屋顶，这就是著名的郑州黄河风景名胜区。附近山上还有黄帝时期的古城址、商王中丁所建之隞都、楚汉相争之汉霸二王城，山下有楚汉相争时的界河——鸿沟。

过黄河铁路大桥南行20分钟，即进入亚洲最大铁路枢纽——郑州站。陇海、京广两大铁路干线在此相交，雄伟宽大的火车站每天客流量近10万人次，广场上的人熙熙攘攘，热闹非凡。出了火车站，向东北行5分钟，即进入郑州最繁华的二七广场，著名的二七纪念塔就坐落在这里。二七纪念塔是为纪念京汉铁路工人大罢工而建造的，是郑州的标志性建筑。承载着革命历史与商业传统的二七广场四周，密布有北京华联商厦、大商新玛特、金博大店、华润万象城等大型商场和数百家中小型商店、餐饮店等，身临其境，会情不自禁地想起20余年前名震全国的“中原商战”。

从二七广场南行，即进入百年德化商

二七商圈一角

百年德化

业街。它是郑州市人民政府投资1.7亿元打造的集商业、娱乐、美食、文化、旅游为一体的高品位、高档次的步行街。这里人潮涌动，街两旁商铺装修精致，各具特色，品种齐全，店员热情周到，到处洋溢着舒适温馨的气氛。走在用花岗岩铺就的平整如镜的路面上，欣赏以百年德化历史沧桑为主题的雕塑，让人浮想联翩。向南走出德化步行街，东折进入大同路，即进入历史上著名的商汤开国之都——郑州商城内城。

沿路前行，即看到耸立于地上8米有余的郑州商城内城西南城墙。登上郑州商城西南城拐角处，民国年间的钢筋混凝土碉堡依然存在，旁边“警报山”小院门口静静地躺着清代夕阳楼的残碑，让人联想起唐代郑州著名景观夕阳楼和李商隐的《夕阳楼》诗句：“花明柳暗益新秋（《全唐诗》中该句后三字为“绕天愁”），上尽重城更上楼。欲问孤鸿向何处，不知身世自悠悠。”

站立最高处，放眼远望，遥想3600年前，天下大旱10余年，夏王朝政治中心之地伊河、洛河枯竭，朝内腐化无度，天下民心尽失，商族在汤的率领下团结一切力量，乘机攻灭夏朝。商汤灭夏之前已在郑州动工建都。当时郑州北有金水河、南有熊儿河，东有著名大泽——圃田泽，而圃田泽又有济水和黄河水源源不断地补给，泽内水源充沛，芳草萋萋，不仅无缺水之忧，而且环境优美。商城东部地下水埋藏极浅，挖上2～3米即可流出甘甜的泉水。这为城内王公贵族、军队、平民提供了充足的水源。因此，商汤在此建都是极有眼光的。商汤为了商王朝的百代基业，不惜动用大量奴隶修建了面积20多平方千米的外城，3平方千米以上的内城，内城内北侧为皇城，地下铺满合理的排供水系统，有大规模的宫殿，外城内有大规模制骨作坊、冶铜作坊、制陶作坊、制玉作坊和严密的防御系统。商城外分布有密集的商族聚落遗址，规模达几十平方千米。这里不仅是当时中国政治、文化、经济和军事中心，而且放在世界历史中，古希腊、古罗马也为之逊色。

商汤在郑州建立亳都以后，牢固的城池、便利的交通条件、完善的都城功能，使商王朝在此为都达160多年，至商王中丁时，迁至郑州西北20千米处的隞山上，名曰隞都。

自中丁迁隞以后，商朝历史上曾有几次返亳，因此，郑州地下不仅埋藏有极为丰富的商代早期遗存，而且在人民公园、郑州八中、郑州东南郊的梁湖等处，还有丰富的商代中晚期遗存。试想，商王朝在此立都160多年，肯定有商王陵，而一旦发

郑州文庙

郑州城隍庙

现商王陵，当使世界震惊。我们盼望这一天，也希望全社会共同关注，尽量搜索一切线索，争取能早日突破。

登高远望，在郑州商城东南部有几组红墙绿瓦古建筑群特别醒目，信步走去，经过书院街，从向阳路北拐沿东大街向东不远即到了郑州文庙。郑州文庙位于东大街中段路北，坐北朝南，这是郑州敬奉伟大思想家、教育家孔子的庙堂。该庙始建于东汉明帝永平年间。千百年来，郑州文庙几经兴毁，特别是火灾给郑州文庙带来一次次重创。到元顺帝至正六年（1346），几乎化为灰烬的郑州文庙才仿原貌重新修建。明、清两代，郑州文庙经多次重修，才得以延续。现存多为清代建筑物。该建筑群规制严谨，庙貌巍然。文庙的大成殿、棂星门、泮池、照壁及大量碑刻具有极高的历史、文物价值，已成为郑州商城的一个重要组成部分。拜谒过文庙，再向北行，在商城路中段也有一组古

城隍庙庙会

建筑群。这就是郑州名胜——城隍庙。城隍庙始建于明朝洪武年间，是市区目前现存规模最大、保存最完整的古建筑群。城隍庙由大门、过庭、戏楼、大殿、后寝宫和东西厢房组成。整个建筑布局合理，结构严谨，是河南省第一批文物保护单位。庙内树影婆娑，花草葱茏，还有历经百年仍然生机勃勃的古榆，根深叶茂。大殿内壁画内容丰富，绘画技艺精湛，色彩鲜艳，吸引着络绎不绝的香客顶礼膜拜。

在城隍庙西北侧，还有一组独特的民族建筑物——郑州清真寺。夜幕降临，在灯光中欣赏这座全国少有的以中国传统建筑风格为主的清真寺，再一次感受民族交流、融合的伟大，这不仅是历史文化遗存的重要组成部分，也是民族和睦的见证。

【知识链接】

宿郑州

唐·王维

朝与周人辞，暮投郑人宿。
他乡绝俦侣，孤客亲童仆。
宛洛望不见，秋霖晦平陆。
田父草际归，村童雨中牧。
主人东皋上，时稼绕茅屋。
虫思机杼悲，雀喧禾黍熟。
明当渡京水，昨晚犹金谷。
此去欲何言，穷边徇微禄。

夕阳楼

清·王士禛

野塘菡萏正新秋，红藕香中过郑州。
仆射陂头疏雨歇，夕阳山映夕阳楼。

• 古荥阳城古荥镇 •

古荥镇是历史上著名的荥阳故城，这里山河秀丽，史迹名胜繁多。中丁迁都隞山之阴、楚汉争雄战马嘶鸣于山巅、烽烟铸就古荥阳城……许许多多美丽的传说和动人的故事，常常令人遐思与神往。

出了郑州高新技术产业开发区，沿引黄干渠北行不远，全国重点文物保护单位——小双桥遗址的标示牌赫然入目，从标示牌说明知，这里地处黄土高原向黄淮平原过渡的黄土阶地边缘，东有黄水河（元代以后改名贾鲁河），北有索须河，是中原地区旱涝保收的肥沃土地。公元前15世纪，商王朝从郑州亳都迁都此地，史称殷之隞地。3500年后，地上除了后世误传的周勃墓冢外，已见不到什么痕迹。据当地一位老者介绍，二十多年前考古部门在此发掘，证实所谓周勃墓实际上是商代夯土台基。在附近区域的发掘中还发现有许多夯土台基和牛头祭祀坑等，出土了大量文物，尤其是出土了商代用朱砂书写在陶器上的文字。这一发现被评为1995年“全国十大考古新发现”之一。此后持续进行文物钻探和考古调查，进一步证明所谓周勃墓实际上是商代中期的一个大型建筑基址。绕土台观察，只见一层夯土筑造的土台上还有墙基痕迹及大火烧过后留下厚厚一层木炭和灰烬，让人不由联想起商朝从此迁至安阳的原因可能是大火所致吧。

隔河北望，只见一座规模宏大的古城池矗立眼前，部分城墙高七八米。从小双桥村过索须河，站立古荥阳城西南角西望，这个城址东西有1500米之长，南北有2000米左右，它东临济水常年补给水量的荥泽，北望三皇山，北靠古旃然河（今枯河），据史载，古荥泽当时为小泽，水不太多，故水小曰荥，城处荥泽之西，因地处泽阳而得名。

荥阳最早称北制，兴于春秋，《左传》记：“晋文公……至于衡雍，作王宫于践土也。……城内东北隅有践土台。”惜修建连霍高速公路时，土台被破坏，已不复存在。战国时期韩国建荥阳城，城内出土战国陶器上即有戳印陶文“荥阳新

位于荥阳汜水镇西部的虎牢关

市”。秦末陈胜、吴广起义，吴广率领起义军攻至荥阳，与三川郡郡守李由（李斯的儿子）在此地交战。此后，刘邦、项羽争夺天下，战于荥阳，演绎出一幕幕楚汉相争的历史传奇。其中一次刘邦屯兵城内，项羽攻城，危急之中，大将纪信冒死假扮刘邦诈降，被项羽烧死。城外有一处纪公庙，还有高大的纪信墓冢和历代碑刻，其中武则天时的左拾遗卢藏用书的《汉忠烈纪公碑》，是中国书法宝库中的珍品，而优美的碑文更是千古传诵的文学佳品，碑文拓片曾多次赴国外参展。另外还有近代书法家于右任、罗震的墨宝，不仅是研究历史的珍贵资料，还是一座书法宝库，引无数文人骚客观摩参观。站立功臣土冢之前，思绪万千，这片沃土就是一首歌，一部史诗，每走一步都有许多历史故事。

纪公庙北方1千米，是世界著名的古荥阳西汉冶铁遗址博物馆，该遗址规模约30万平方米，博物馆展厅内有原址保护的面积达8.5平方米炉基的冶铁炉，容积近100立方米，还有水井、矿石堆、料池，尤其是展厅南侧地坑内堆放的达几十吨重的西汉积铁块，更与巨型炼炉互相印证。展厅内展品中除了冶炼工具之外，还有范模及各种铸件，有轴承、农具、日常工具及各种建筑材料，琳琅满目，不胜枚举。一边观实物，一边看简单明了的说明，了解到这是2000多年前西汉时期河南郡第一冶铸作坊，许多展品上都有“河一”标记。据科学测定，这里生产有铸铁、铸钢、灰口铁、白口铁、麻口铁和球墨铸铁等。这个作坊生产的铁器品质优良，并使用了柔化处理技术。面对展品，人们不禁会联想到2000年前这个冶铁作坊的生产情况，脑际浮现出昔日炉火冲天、数以千计的工匠挥汗如雨、产品堆积如山、商贾纷至沓来、一派繁忙的景象。

一条宽广的大路直通古荥城。荥阳城南、东、北三面临索水，广五里有余，城墙高两丈多，城外壕深约一丈，共建五个城门，东门叫迎晖，南门叫迎薰，西门叫西城，北门叫拱极，西南门叫小西门。荥阳城中间高四周低，形似乌龟，人们称其为“金龟戏水”。城内虽然已不见秦汉时期的繁华，但作为一个历史名镇仍然底蕴深厚。街道两旁仍到处可见明清时期典型的四合院民居，只见灰色门楼两旁雄立狮子门墩，灰墙灰瓦木构建筑古朴大方。在一个大院内，空旷的地上耸立一座明代庑殿顶的庙宇，即城隍庙，虽然墙面斑驳，

【知识链接】

登广武古战场怀古

唐·李白

秦鹿奔野草，逐之若飞蓬。项王气盖世，紫电明双瞳。
呼吸八千人，横行起江东。赤精斩白帝，叱咤入关中。
两龙不并跃，五纬与天同。楚灭无英图，汉兴有成功。
按剑清八极，归酣歌大风。伊昔临广武，连兵决雌雄。
分我一杯羹，太皇乃汝翁。战争有古迹，壁垒颓层穹。
猛虎啸洞壑，饥鹰鸣秋空。翔云列晓阵，杀气赫长虹。
拨乱属豪圣，俗儒安可通。沉湎呼竖子，狂言非至公。
抚掌黄河曲，嗤嗤阮嗣宗。

屋顶已有破损，但硕大的立柱、粗实严谨的斗拱仍倔强地诉说着大明王朝的风采。庙前两通高大的石碑上详细叙述着荥泽县治徙迁的缘由。

出城隍庙东行至十字街东转，即见一组残破的灰砖蓝瓦建筑物，旁边散落几通石碑，从碑文中得知这是山东曲阜、台湾之外的第三处孔氏宗庙。该庙创建于宋朝大中祥符年间，是当时孔氏宗族后代孔晃为唐代祖先孔矿、孔纬守坟奉祀和祭祀先祖的家庙。明代弘治初年和嘉靖十四年（1535）两次重修，但均于战火中毁掉。清雍正十三年（1735）仿原样重建大殿三间、前堂三间、照壁一座。乾隆十年（1745），增建棂星门和院墙，此后于乾隆四十一年（1776）增设东西殿，直到嘉庆二十四年（1819）重修后，才真正恢复旧时规模。

• 密县老城 •

密县为西汉设置之县，原在今新密曲梁设治，隋朝大业十二年（616）迁到此地，经数代经营成为中原地区最大的县城。据史书记载，县城周长9里13步，城墙高达3丈（相当于现在的10米），四周各设1门，东西3里，南北2里，城内至今尚保留明清布局，规划井然，建筑以明清式为主，街道基本保持原貌，极少有高层建

新密法海寺

筑物，尤其仍保留着基本完整的县衙、文庙、城隍庙、火神庙、桧阳书院、古代牌坊及著名寺院——法海寺旧址等，另有6处保存完整的古民居：杨彤如故居、张绍衣故居、孙氏故居、钱海禄故居、王家大院、温家大院，房屋达数千间之多，成为中原地区甚为罕见的古县城文化区。

气势恢弘的密县县衙位于老城中心北部，是中原地区历史悠久、规模较大、建筑方位合理、研究价值极高的官署衙门，尤其衙署内的监狱，使用之久，在中国乃至世界都是一个奇迹。

密县县衙正堂

密县县衙始建于隋大业十二年（616），历经隋、唐、宋、元、明、清、民国各代，距今已有1400多年的历史。县衙元代毁于战火，明洪武三年（1370）知县冯万金于原址复建，至今仍保持明、清建筑风格。

古县衙建筑群南北长220米，东西宽110米，占地面积近2.5万平方米。照壁、大门、仪门、戒石坊、月台、大堂、二堂、三堂、大仙楼、后花园等由南向北沿

密县县衙大门

中轴线依次排列，形成九层五进院落，另有东西花厅、八班九房与监狱。县衙内亭、台、楼、阁、榭、坊、桥、池等建筑门类齐全，青砖灰瓦，厅堂轩昂，前堂后宅，布局严谨合理，集中体现了我国古代官衙的庄重、肃穆。而仪门前的莲池更是为密县县衙所独有。

密县县衙里有中国使用年代最长的监狱，县衙监狱从隋代设置后，一直沿用至2003年。监狱建筑物基本保存完好，可以说是古县衙的特色之一。

现在，监狱里面布置的有刑具、历代刑罚烙画、古代五刑和男女罪犯的泥塑像展。

• 登封古城 •

《卷席筒》中苍娃一声“我家住在河南登封小县”给人留下深刻印象。由于少林寺的名声，尤其随着嵩山古建筑群申报世界文化遗产以来，每年数以千万的游人来到登封，人们看到的是市区高大的楼房、宽阔的街道、洁净的环境，除了广场内那棵老皂角树，都以为这是一座现代新兴的城镇，其实，这是一座相当古老的县城，而且一点也不“小”。2010年8月，登封的“‘天地之中’历史建筑群”名列世界文化遗产名录。

进入登封市北关，看到地面上部分城墙，始知这也是一座历史遗存。据史载，汉武帝于元封元年（前110）设嵩高县，并以300户为封邑奉太室，此为登封立县之始。东汉光武帝建武元年（25）并入阳城县。至隋开皇元年（581）在嵩高县旧址上设嵩阳县。武周万岁登封元年（696）因武则天登嵩山，改为登封县。至今登封城东城墙及部分北城墙还有残存，东城墙南北残长约700米，北城墙残留于地面的有200多米，墙基地面宽度10米余，残高2～3米，部分残墙断面上可见到清晰的夯层。

离开城墙，欣赏群山环绕的县城，绿树如茵的山坡，一座座古建筑嵌在绿色海洋中，中岳庙、嵩阳书院、嵩岳寺塔、法王寺、太室阙、少室阙、永泰寺、会善寺，将县城拱卫其中，真是美景无限。恋恋不舍地离开这如画的美景，沿小路南行即进入城区，沿小径进入西大街路北，一座三进地方建筑风格的大院令人驻足，随即拾阶踏入大门，发现是近百间庙宇，这就是登封城隍庙。该庙始建于明，坐北朝南，现占地4600平方米，除大殿外均为硬山式灰瓦建筑。大殿面阔五间、进深三间，殿前有进深3米的卷棚，前檐下有八角石柱六根，上刻对联，殿前有月台，表现出明朝建筑风格，清代曾进行过重修。

庙内已辟为登封历史博物馆，室内陈列着登封出土的各类文物，院内摆放大量石刻、石造像和汉代空心砖画像等。最为难得的是1988年修嵩阳路施工中发现的一块巨型河卵石，上边篆刻“嵩高县故城”，用笔遒劲、流畅、古朴，为这座古城增添了佐证。无意之间，从汉代空心砖画像上发现印有一匹匹骏马，马前书有“文山上马食官日行十万八千里”，这也算是登封古城历史的见证吧。

• 站街镇 •

在黄河与洛河交会处内侧，大邳山西端山下，北魏时期在黄冶河东岸的坡地修建了一座新城，新城南北长2000米，东西宽1300多米，巩县县治从今康店镇东周城内迁至此地，此地就是站街镇。除北宋时一度迁往今巩义市芝田镇（永安县城）外，历唐、元、明、清、民国，站街镇一直是县的中心。历史上发生的一些重大事件与这里结缘，一段残存的城墙记录着这里的风云变幻、历史变迁。这里是古代东西交通要道、南北要津。站在高处向北望，流淌了无数岁月的黄河奔腾不息地流向大海，西边是洛河无声地向北融入黄河之中，诗圣杜甫就诞生在城东北角笔架山下那个窑洞内。西南是历史上魏晋至唐代著名的黄冶唐三彩瓷窑、白河白瓷窑遗址群。东北山上即为夏王朝第三代国王太康失国后，他的5个兄弟作《五子之歌》的避难处。再北行1500米，即为伏羲台、八卦台和传说黄帝筑坛沉璧、河出图洛出书的地方。山下为隋朝著名的特大粮仓——洛口仓。

自战国时期魏国开凿鸿沟以后，站街成为运河与黄河通过洛水沟通洛阳的重要水上通道，同时这里也成为重要的码头和货物集散地。除了东南粮食大量输运至洛阳或洛口仓外，中原地区的物产，尤其是巩义黄冶唐三彩窑生产的唐三彩、青花瓷及白河窑生产的白瓷、青花瓷通过运河输往扬州，再输往国外，这里是海上陶瓷之路的起点。遥想自西汉以来这个大码头车来船往，客商络绎不绝，货物交易的繁荣场面可一幕一幕展现脑际。而黄冶窑与白河窑十里窑场数以万计的陶瓷生产场面更像史诗，像画卷。直至清末，八国联军攻陷北京，慈禧太后西逃回京时，还计划在此乘船，从而留下龙窑等遗迹。

站街历史上的长期辉煌并没有因县城搬迁而衰落，这里现在已成为五金与机械加工的重要城镇，只见工厂林立，网状公路上车流滚滚，一车车货物输送至全国各地。

【知识链接】

登巩县南城楼

清 · 刘青黎

独上城南百尺楼，山川回合古东周。
螭埤万笏插龙尾，雉堞千寻跨虎头。
洛口仓空余故垒，平津桥断冷荒州。
东风杨柳垂垂绿，极目斜阳动客愁。

• 古城村 •

在郑州经济技术开发区第五大道北端，古圃田泽南岸的沙岗上坐落着一座古城，历史上名唤东周，今叫古城村。该地原属管城区圃田镇东周村委会，现为五洲汇富社区，是古称“水磨五洲”之一，现已纳入郑东新区。

古城源于何时？据李吉甫撰历史地理书籍《元和郡县图志》载，“郯城，县东六里，晋荀林父帅师与楚子战于郯”。《郑州市志》也说郑州东7千米古城村为郯城，2007年该村出土的清代乾隆年间名人周天章墓志铭记其葬于郯城边。虽然有许多记载，但历史上许多史学家对把郯城定于此提出质疑，从史书记载中考证，《左传·宣公十二年》载，楚军“次于管以待之。”“晋师在敖、鄗之间。”晋楚两军对垒于郯。从乙卯及黄昏“楚师军于郯”，“丙辰，楚重至于郯，遂次于衡雍”，衡雍古城在古卷县东南，即今新乡市原阳县原武镇西北。考虑当时多步骑及辎重、器物、粮食等，行动之不便自明，六月乙卯日战，丙辰到达郯，从楚军行进之路线及衡雍的位置，从《水经注·济水》所载“济水于此，又兼郯目。《春秋·宣公十三年》晋楚之战，楚军于郯。即是水也”，我们可知自唐代以来误把郯城从黄河边移到了圃田泽南岸，这是明显的历史错误。既然如此，那么古城是什么城呢？

1979年以后的数年间，通过数十次对古城村的调查，发现古城建于古圃田泽南岸的沙岗边缘，城墙东、西两侧较直，南城西南角向东450米后又向南扩130米，呈拐角状，西城墙残存390米，南城墙长975米，北城墙已无存，估计早已塌入古圃田泽中了。在古城西南角小学院内发现用长方形泥砖垒砌的空心土柱，高8～9米，直径1.5～2米不等，空洞内保留有灰烬和烟熏痕，推测为烽燧（烽火台）。2009年7月，郑州市文物考古研究院在古城村南侧发现一处商代中期至末期的大型古代村落遗址，郑煤机建厂时发掘出大面积商代晚期建筑基址。

关于该城的时期，从目前暴露的夯土层、夯窝看应为春秋战国时期的古城址，但当地口头传说这是西周灭殷以后武庚禄父的封地，古音中因“依”“殷”相近，传为“依城”，所以当地也传说叫“太子城”。并说武庚禄父被诛后就埋在城外，当地广泛传说：“夏埋岭，殷埋洼，大清埋在半山下。”“东八步，西八步，离城还有十八步，地下葬有庚王墓。若能找到庚王墓，富顶河南一国度。”

关于古城还有许多传说，当地把西南城角称为“点将台”，南城墙中部尚有城门可辨，西南城墙外尚保留有几十米宽的大沟，当地传说是赛马场、练兵场，实为护城河遗迹。城中东部为城内制高点，当地群众传为监禁犯人的地方，不知会不会是监狱。东城门外300米有5米多高的双峰夯土岗，当地称之“门仓岗”，可能为门阙台。另外城北还有“跑马道”，城西北角有“寺坡顶”，城北有块洼地叫“莲花池”。当地群众在城东取土卖沙，曾发现许多战国和西汉墓葬。

如今这里已辟为现代化居民小区。放眼望去，道路纵横，街道笔直，现代建筑物林立，商铺遍布，其间还有别墅建筑，一派城市景象。社会发展给当地居民带来了美好的生活，外来的人也逐渐增多，古老的文化遗存和历史传说已很少有人知道了。而郑州商城作为商代前期都城使用达100多年之久，至今尚未发现商王陵、大型祭祀遗址等。古城村作为大商都的一个组成部分，这里有这么重要的历史传说和大面积商代遗址，会不会有殷末武庚禄父之墓呢？全社会，尤其文物工作者能否下大工夫，在这方面有所突破呢？人们期待着。

• 告成镇 •

在中岳嵩山的怀抱中孕育了许多历史的奇迹，也给人类遗留下许多珍贵的遗产。告成镇从4000年前的夏禹之都始，历周、秦、汉、唐至今，一直绵延不断，是华夏文明宝库中的一颗璀璨明珠。

在箕山之阴、颍水之阳，五渡河东西两侧的台地上分别坐落着两座古城。五渡河西岸王城岗是中国第一个统一的奴隶制王朝夏禹的都城，东岸为著名的战国阳城城址。《国语·周语》载，“有夏之兴也，融降于崇山”，清乾隆《登封县志》记“阳城和太室，都居九州中心”。上古

【知识链接】

夕次圃田店

唐·祖咏

前路入郑郊，尚经百馀里。
马烦时欲歇，客归程未已。
落日桑柘阴，遥村烟火起。
西还不遑宿，中夜渡泾水。

尧时，许由、巢父曾居于箕山中。西周时期周公在这设有测影台。春秋时期鬼谷子居此收徒讲学，培养了庞涓、孙膑等军事谋略家。盛唐时期，女皇武则天会饮石淙河，大宴群臣。元代郭守敬在此设立观星台等。告成的建制历史多经变更，夏代为阳邑，周代为颍邑，东周为韩国重镇阳城，西汉置阳城县，北魏设阳城郡。女皇帝武则天登嵩山封岳成功，将此地改名告成县。五代为阳邑县，金元光元年（1222）并入登封县。1942年改为告成镇。

石淙摩崖题记

中华人民共和国成立以后，随着文物考古事业的发展，考古工作者长期在此发掘、调查和研究。这里新的文物遗迹不断被发现，考古工作者在双庙沟和程窑发现7000～8000年前的裴李岗文化村落遗址、5000～6000年前的仰韶文化遗址，在八方、程窑村发现龙山文化遗址，在八方王城岗发现4000多年前的面积达30多万平方米的夏早期城址，在颍河南岸长岭上发掘出土郑国公子子耳等贵族的墓地，出土一批精美的带有铭文的青铜器和玉器等，在阳城内发现7道排水、供水管道，总长超过1600米，其中最长的一条达800米，设有输水管、澄滤池、蓄水池、阀门坑、三通分水管、控制用水的回水管等，同现代城市自来水系统有异曲同工之妙。尤其城内

【知识链接】

石淙

周·武则天

三山十洞光玄箓，玉峤金峦镇紫微。
均露均霜标胜壤，交风交雨列皇畿。
万仞高岩藏日色，千寻幽涧浴云衣。
且驻欢筵赏仁智，雕鞍薄晚杂尘飞。

出土的战国陶器和水管道等文物上发现印有“阳城仓器”“阳城”戳记文字铭文，结束了战国阳城地址在何处的千年笔墨官司。告成镇境内还有大量的古瓷窑址和冶铸遗址，其中告成内有战国冶铁作坊遗址、冶上村宋代冶铁遗址，登封中岳庙内几个大铁人即在冶上村冶铁作坊铸造。而告成镇历史上陶瓷业也十分发达，已发现的十几处作坊分布于河边和溪水两岸，其中曲河有著名的唐宋白瓷和珍珠地刻花瓷器的主产地，在中国陶瓷史上享有盛名。

告成镇不仅地下文化遗存丰富，地面上保存的文物古迹也誉满中外。著名历史人物许由用过的洗耳泉仍潺潺流淌，许由墓即在箕山之巅，近现代又于箕山半山腰建立许由庙，这里已成为游人经常光顾的景区。在告成镇东有武则天石淙会饮的景区，河内积水为潭，武则天会饮中与大臣吟诵的诗词名篇仍完好保存在悬崖峭壁上。告成镇北侧一片柏树林中的观星台、测影石圭仍然保存完好，是世界文化遗产登封“天地之中”历史建筑群的组成部分。当地拟投巨资在此修建中国天文博物馆。

许由洗耳泉

• 颍阳镇 •

颍阳镇位于登封市西南30千米，是登封、伊川、汝州、偃师交界处的一个较偏远的乡镇。该镇居于颍水之阳，村东有一条小河流过，镇中有一条南北主街道和数条东西小街，街上虽有几间商店，但基本保留北方典型村镇的布局和特色，其文化风貌和传统文化信息犹存，是一处具有厚重文化底蕴的名镇。

颍阳镇南侧的半岛状台地是一处大规模的仰韶文化村落遗址。遗址南北长600多米，东西近400米，面积达20多万平方米，文化层堆积3～7米。遗址内有房基、陶窑、窖穴、墓葬。尤其在发掘的200多平方米内发现大量文化遗迹，出土众多精美文物，还发现有仰韶文化时期非常罕见的祭祀台遗迹，证明在6000多年前这里就是仰韶文化时期重要的村落。

据史书记载，进入夏代以后，这里是古纶国封地，是夏王朝中晚期国王少康的封邑。少康为光复夏王朝，曾于此养精蓄锐40年，终成大业。在颍阳镇东两千米处的南洼村，20世纪90年代有关部门在文物

【知识链接】

紫云山安阳宫下，有神清之洞。当年，颍阳玄都观道士许昌龄（许旌阳后裔）在此清修，欧阳修追随于此，曾赋诗一首：

戏石唐山隐者

宋 · 欧阳修

石唐仙室紫云深，颍阳真人此算心。
真人已去升寥廓，岁岁岩花自开落。
我昔曾为洛阳客，偶向岩前坐盘石。
四字丹书万仞崖，神清之洞锁楼台。
云深路绝无人到，鸾鹤今应待我来。

调查中发现一处大型二里头文化二期至商代初期的环壕遗址。在国家夏商周断代工程和中华文明探源工程中，郑州市文物考古研究院和郑州大学历史学院合作对该遗址进行了连续发掘，遗址内发现有大量夏代中晚期的白陶制品。据测定，二里头遗址中的白陶可能就是从这里输入的。春秋时期这里为纶氏封地，战国时复为纶国，东汉在此设纶氏县，北魏太和年间改为颍阳县，隋开皇六年（586）改为武林县，开皇十八年又改归纶氏县，大业元年（605）改为嵩阳县，唐载初元年（689）又改为武林县，唐开元十五年（727）重新改为颍阳县。颍阳镇在历史上以颍谷书院而名闻天下。这里当时作为交通要道和重要城镇，曾引来许多文人骚客和政府要员驻足。据史料载，汉章帝曾亲临颍阳巡视数天。传说三国时期关羽也曾在此居住，并留有喂马的陶槽。唐代骆宾王、李白曾来此游览，寻找仙迹，留下大量名诗。李白的好友元丹丘在此隐居。唐代邢和璞在颍阳紫云洞隐居，施法修炼，著《颍阳书》。宋朝欧阳修、名道士许昌龄也曾到此。另据《倚箔山录》记载，宋徽宗末年，张道人也在紫云洞长期修炼。在玄都观里存有欧阳修诗碑。镇内还保留有颍谷书院、崇法寺、宝林寺，悠久的历史为颍阳镇留下大量文化珍宝，成为颍阳人宝贵的文化财富。

改革开放以后，由计划经济转向市场经济，颍阳镇的经济实现了跨越式发展，这里煤、硅石、花岗岩等矿产资源丰富，机械加工厂林立，商铺鳞次栉比，商贾云集，经济快速发展。而这里人文资源和自然景观众多，又毗邻嵩山南麓，境内有大石山、倚箔山、阳乾山、太谷关、古黄城等。历史上有许多文人墨客不断来此寻幽观景，享受历史文化熏陶和大自然的美景。一个集工贸和旅游为一体的历史名镇在经历了数百年沉寂之后定当重现辉煌。

考古探秘

——追溯文明的发现之旅

现世的人们，对回溯过往和展望未来有着不可遏制的激情。因为只有过去、现在和未来连在一起，才能构成一部完整的人类发展史。随着社会的发展和文明的进步，考古越来越成为人们感兴趣的话题。

每一次重要考古都是一次神秘而诱人的发现之旅，都是一次现实与历史的激情碰撞。如20世纪五六十年代对郑州商城、郑韩故城的发掘，20世纪七八十年代对新郑裴李岗遗址、郑州大河村遗址、荥阳青台遗址、荥阳点军台遗址、古荥冶铁遗址、巩义唐三彩窑址的发掘，20世纪90年代对新郑郑国祭祀遗址、郑州西山古城及小双桥遗址的发掘，以及进入21世纪后发现的遗址都为我们走进古代社会提供了另外一把解读的密钥。

东亚现代人类的追寻

织机洞遗址位于荥阳市城南崔庙镇王宗店村北约1千米的半山腰。这里的低山丘陵多由石灰岩构成，岩溶作用强烈，喀斯特地貌发育良好，多有裂隙和溶洞出现，为中国早期古人类提供了天然的居住场所。洞穴坐东朝西偏南，内宽20多米，深30米左右，洞内面积约600平方米。洞内人类生活堆积物厚达24米以上，内有大量古人类生活、生产遗物。如打制的石器、抛弃的兽骨等。从1990年起，郑州市文物考古研究院连续对其进行了抢救性发掘，在第1、2、4、6、7、8、9、13、15、16、17层中都发现有用火的遗迹，而且出土了数万件石制品。考古发现表明：织机洞遗址在很长时期内是人类的居住地兼石制品生产地。经现代科学技术测定，该洞穴是距今1万～12万年间连续使用的洞穴，而这个时间段正是所谓的“火山大爆发期”。织机洞古人类文化遗存的发现，在一定程度上否定了美国斯坦福大学和俄罗斯科学会关于火山大爆发后，中国境内古人类灭绝的结论。

织机洞遗址

旧石器

近10年来，郑州市文物考古研究院对郑州辖区开展了旧石器遗存专题调查，截至目前，已发现360处旧石器遗存点。这批遗存点多位于低山丘陵地带，主要分布在双洎河、颍河、狂河、贾鲁河、索须河、汜水河两岸的二、三级阶地、岩石洞穴、马兰黄土堆积层及河水搬运层中。这些遗存点的发现，表明在旧石器时代晚期，郑州地区的地貌、水文和气候条件已经非常适宜人类居住。

• 两个时代的见证——李家沟遗址 •

人类自诞生以来，大约用了近千万年的时间从猿人演变为现代智人，在这个漫长的时间跨度内，人们主要依靠采集、狩猎，使用打制石器维系生活。但是在距今12000年左右，人们的生活生产方式突然发生了转变：不但出现了磨制石器、陶器、原始农业，而且出现了房子。是什么原因引发了农业的产生及人们生产、生活方式的大变革，形成了所谓的“新石器早期革命”呢？这是目前世界范围内都在研究的一个热点问题，已经吸引了诸如考古、历史、生物、地理、社会等领域专家、学者的参与。

在国内，过去的几十年间，考古工作

者已经在南方诸如江西万年仙人洞、吊桶环、广西桂林甑皮岩、临桂县大岩、湖南道县玉蟾岩等遗址发现距今10 000～16 000年左右的陶器遗存和水稻遗存；在华北地区山西柿子滩、河北于家沟、北京东胡林、陕西龙王灿、山西下川遗址等发现了距今10 000～20 000多年的磨制石器、陶器遗存。但是在中国的腹地——中原地区，却缺乏8000～12 000年左右的遗存。在这4000年的时间里，中原地区的古人类是怎样生存的？他们的文化面貌如何？这些一直是考古工作者苦苦探索、寻求解决的一个难题。李家沟遗址的发掘，为解答这道难题提供了一把密钥。

李家沟遗址位于新密市岳村镇李家沟村西百余米处，椿板河（溱水河上游）东岸二级阶地。海拔203米。该处地形为低山丘陵区，地势由东北向西南部倾斜，黄土堆积发育。该遗址系2004年～2006年底，郑州市文物考古研究院开展郑州地区旧石器专题考古调查时候发现的。2009年，郑州市文物考古研究院与北京大学考古文博学院联合对其进行发掘，发现了距今10 300～10 500年左右典型的细石器与局部磨光的石锛与素面夹粗砂陶片、大型石制品、人工搬运石块共存的现象，以及距今8600～10 000年的新石器时代早期文化遗存。

李家沟遗址的重要性首先在于它所处时段的特殊性，该遗址所处年代距今8600～10 500年，下部有细石器、局部磨光的石器和素面夹粗砂陶片、大型石制品、

考古人员对出土遗物进行测绘

李家沟遗址出土的石质工具

李家沟遗址出土的陶片

人工搬运石块等，上部出现早于裴李岗文化的陶器，成为中原地区新旧石器过渡的见证，比裴李岗文化早了约2000年时间。填补了中原地区从裴李岗文化到旧石器时代晚期文化之间的空白，同时该遗址所显示的叠压的地层关系也为今后考古工作者寻找该阶段文化遗存提供了参照。

其次，李家沟遗址揭开了河南考古的新时代，是中原地区裴李岗文化发现30多年以来新石器时代早期考古上的一次重大突破，代表着是一种全新的文化面貌。该遗址新石器时代早期文化层中发现的压印纹夹砂陶器，细石器层发现局部磨制石器、陶片以及数量较多的人工搬运石块，目前为止还没有在其他地方出现过，为中原地区新石器时代的考古研究提供了重要线索。

再次，李家沟遗址代表了中原地区旧

李家沟遗址陶片出土现场

石器时代到新石器时代早期的一个关键转型。在过去的几十年间，考古工作者已经在华南、华北地区发现了多处旧、新石器过渡阶段的遗址，而在中原地区，李家沟遗址是第一处。它的发现，从文化层叠压关系，地层堆积、工具组合、栖居形态到生计方式等多角度揭示了中原地区史前居民从流动性较强、以狩猎大型食草类动物为主要对象的旧石器时代，逐渐过渡到具有相对稳定的栖居形态的新石器时代的演化历程，展示了中原地区有别于华北、华南地区的地域特点。

鉴于李家沟遗址的重大发现，2010年6月12日，“2009年度全国十大考古新发现”评选结果在苏州揭晓，李家沟遗址喜获中国考古学的最高奖项——全国十大考古新发现奖。

• 八千年前石磨盘的惊天之谜 •

1977年4月的一天。

新郑县裴李岗村通往县城的乡间小路上，裴李岗村村民李铁蛋正大步流星、急匆匆地往县城里赶。这个年轻人的肩上扛着一个沉甸甸的麻袋。

这个农民无论如何也想不到，他麻袋里装的东西，居然是中国20世纪考古界的一个重大发现。由于它的突然出现，竟把中国农业文明的历史向前推进了一千多年。而他祖祖辈辈居住的这个普通村

石镰

石磨盘、石磨棒

裴李岗遗址发掘现场

庄——裴李岗，也因此而闻名于世。裴李岗文化遗址的发现之旅，由此传奇般地拉开了序幕……

在裴李岗遗址发现之前，新郑县文化馆已经收集了20多件石磨盘、石磨棒，但是由于当时不清楚具体出土位置，最初考古学家将那种看着像石板、两头圆形、面上微凹、底下有四条腿的器物取名为“石碾盘”。这些“石碾盘”到底是什么时期的遗物呢?

当李铁蛋将那个沉甸甸的麻袋交给新郑县文化馆的薛文灿时，这位考古工作者喜出望外，第二天即联系李友谋、赵世纲赶赴石磨盘发现现场——裴李岗村西地进行现场查看。由于现场保护得很好，出土石磨盘的印痕原样未动。考古工作者将昨天送去的石磨盘按照印痕放置回去，恰好吻合。因为周围还有人骨出现，所以初步确认这是一座古墓。对于这一重要发现，当天下午查看完现场的同志就向上级主管部门进行了汇报，并得到了同意试掘的答复。

裴李岗遗址位于新郑市西北约7.5千米的新村镇裴李岗村西地。双洎河由此向南在遗址西边流过，然后紧靠遗址南部折向东流，在此形成一个河湾，遗址就在河湾中部的土岗上。高出现有地表3～4米，高出双洎河河床约25米。遗址西北—东南向狭长、东西向较窄，总计面积约2万平方米。该遗址前后共经过三次发掘，主要收获是发现了114座裴李岗文化时期的墓葬。这些墓葬均为长方形竖穴土坑墓，按照开口层位，可分为具有早晚关系的上、下两层遗存。墓内出土有陶器、石器等随葬品。其中陶器主要有陶碗、盘、钵、壶、罐、鼎、豆等，石器主要有石磨盘、石磨棒、锯齿镰、石刀、石铲、石斧、石凿等。

从出土的石磨盘、石磨棒、锯齿镰和大量陶器来看，距今8000年前裴李岗人已经掌握了谷物生长规律，并有意识地进行种植，开始了农业生产活动。同时为了进行谷物存放，裴李岗人又利用自然物为原料，通过高温化学反应创造出来一种新的器具——陶器。至此，以石磨盘为代表的裴李岗文化首次被确定为一个农业文化，它的发现，把中国农业文明的历史向前推进了1000多年。

1980年，著名考古学家许顺湛指出：以裴李岗遗址为代表的考古学文化遗存为“裴李岗文化”，得到了国内大多数学者的认同。从此，裴李岗文化作为一个时代的象征，载入了人类文明的史册。著名学者史树青考察裴李岗遗址后，曾写了七绝以咏之：“五帝三皇此占先，天鼋族氏即轩辕。岗名裴李开新史，裔衍中华八千年。”

随后，考古工作者又在郑州发现了多处裴李岗文化时期的遗存。在历史学界，农业和定居是密不可分的两个词汇，农业种植代表的是一种长久定居的生活方式，那么裴李岗人的生活居址究竟是什么样的?

2006年郑州市文物考古研究院主持发掘的新郑唐户遗址为我们探讨其居住形态提供了线索。唐户遗址位于河南省新郑市观音寺镇唐户村西部和南部，溱水河与九龙河两河汇流处的夹角台地上。经调查、勘探，确认唐户遗址裴李岗文化遗存面积达30万平方米，文化层堆积厚约0.8～1.8米，最厚处达3米以上，属于裴李岗文化聚落群的一级聚落遗址。该遗址发现迄今为止数量最多的裴李岗文化时期房址，计63座。房屋建造方式均为半地穴式，分为单间式和双间式两种。房屋布局上出现内向凝聚式特征和人工壕沟防护设施以及排水设施。唐户遗址这种匠心独具的布局方法，表明裴李岗文化时期的人们已充分考虑到人地关系。遗址还表明：裴李岗时期的人们在此长时间进行农耕和捕猎，有着严密的社会组织和较高的社会生产力，不断进行自身繁衍，成为中国腹心地区新石器时代早期最早、最大的村落遗址。其中遗址南部水库大坝附近就是民间传说的“黄帝口”，即黄帝从此经过的地方。

• 烈火炼成的大河村 •

我们知道，自安特生在河南渑池仰韶村发现彩陶片后，彩陶就成为我国新石器时代中期仰韶文化的标志性器物。这种以在陶器表面绘制彩色图案为特征的彩陶，后来又在甘肃、青海、陕西、宁夏、河南、河北、山西、山东、江苏、四川、湖北等地陆续被发现，开启了我国史前时期第一个分布范围最广、流传时间较长的彩陶文化时代。在考古学界，这种以彩陶为特征的时代被称之为仰韶文化时期。以大河村遗址为代表的大河村类型就是中原地区彩陶文化最为著名的一个遗址。

说到大河村遗址的发现，不能不提杨槐村的一位村民。1964年秋，当这位村民在一片慢坡土岗上挖红薯窖时，铁锹突然碰到一件金属器物。他蹲下身子，用手翻刨，发现原来是一面带有纹饰的铜镜。出于好奇，他继续向下挖，结果挖出一座古墓。因事关重大，他立即向市博物馆报告了情况。经文物部门鉴定，这是一面唐代铜镜。为了弄清墓葬的详细情况，郑州市博物馆派李昌韬等人前往调查。他们在发现铜镜的土岗中部，又意外地发现地面上零散分布着大量新石器时代的陶片、红

大河村遗址博物馆

大河村遗址出土的彩陶双连壶

烧土块和残破的石器、骨器和蚌器等，而在陶片中又发现一些色彩明艳的白衣彩陶片。

这个意外发现使考古学界认识了大河村遗址。从1972年到1987年，郑州市文物工作队（郑州市文物考古研究院前身）在大河村进行了长达15年的调查和发掘工作。大河村遗址位于郑州市东北柳林乡大河村西南约1千米的漫坡岗上，因遗址周围多为稻田，地下水位颇高，导致该遗址没有一个地方可以挖到生土。发掘人员为此十分苦恼，因为在考古学上，现有文化层下面可能还有更早期的人类文化遗存存在，不挖到生土就不能盖棺定论，就不能对大河村遗址的性质做全面的解剖和了解。为了挖到生土底，在有关单位的大力支持下，考古队专门借来两部发电机、七部定点抽水机，每天动用发掘、发电、抽水人员和后勤人员200余人，对T37～T40，T55～T59几个探方进行发掘。每发掘2.5米深，就在探方四周各留1～2米不等的二层台。终于在5月4日这一天，发掘到距地表12.5米时，见到生土层。

大河村的发现震惊了学术界，这是黄河流域又一文明遗迹的再现。

大河村遗址最为重要的考古发现有三个：一是发现了距今5000年、保存较为完好的仰韶文化时期古村落（聚落）遗存。从中得知5000年前的古村落是经过统一规划的，其中40多座房屋集中建在遗址的中心地带，形成村民居住区，房屋周围设有堆放杂物和粮食的窖穴。遗址中部偏东有一处饲养牲畜的圈栏，两处公共墓地位于村北部的边缘地带；一条古河道由村的西南向东北斜穿而过。

二是发现成排分布、平地起建、经过火烧的“木骨整塑”房屋。这种平地起建的房屋，克服了裴李岗文化时期“半地穴”房屋低矮、阴冷、潮湿的缺点，奠定了我国北方民居建筑的基本形式，是我国史前建筑史上的一次革命。

三是发现了黑彩、白衣彩陶器。彩陶片上描有各种天文图案，如太阳纹、月亮纹、星座纹、日晕纹等，此外，还发现了曲线纹、植物纹、水波纹等，对研究仰韶文化的农业和古代天文学的关系有重要意义。如太阳纹、星座纹表达了他们对日常天象的观测；几何纹、云雷纹及多种曲线纹饰是当时人们艺术审美的杰作；鱼纹反映出渔猎生活及艺术的继承和延续；禾苗纹反映了人们看到庄稼长势喜人而向往丰收的喜悦。尤其重要的是，大河村遗址出

【知识链接】

木骨整塑房屋

木骨整塑指的是在建造房屋的时候先打好地基，然后在地基上竖起木骨，并用芦苇束、草绳或藤类的东西加以固定，在空隙里还要塞满草类等易燃的东西，之后在木骨内外附上约30厘米厚的黏黏的草拌红土泥，再在表面涂一层细沙泥，让房子光滑整洁。最后，就在房内房外放满可燃烧的物质，放火烧房。大火熄灭后，盖房顶。这样一来，墙内部几乎成为空的，可起到既防潮又冬暖夏凉之效。以红烧土作为房屋建筑材料起源很早，早在大溪文化时期就有出现，不过那时主要是以之铺地面等，不似大河村遗址的这种建筑，是整体烘塑的。

半地穴式房屋

半地穴式房屋指的是新石器时代早期，人们从洞穴走向河旁台地，开始建造房屋，进行农业定居过程中出现的一个建筑形态。半地穴，顾名思义，就是向地面下挖坑，将坑壁作为房屋的壁，这种建筑是为了解决早期无法筑造墙壁而采取的一种方法。因此，时期越早，向地面挖的坑越深，作为房屋墙壁部分的坑壁越高。稍晚一些，随着人们改造自然能力的不断提高，房屋建筑也从深地穴式变为浅地穴式，直至后来平地起建的模式。

土了一件彩陶双连壶，它利用连通器原理将两个造型一样的壶体巧妙地连接在一起，据专家考证，该双连壶是氏族结盟或部族联姻的象征。

根据碳-14测年数据，大河村仰韶文化时代为公元前6800～前4500年，可分为7个时段，文化序列连续性强，包括了仰韶文化从产生、发展到消亡2300年间的全过程，因而对于郑州地区当时文化的发展、演变、社会组织结构等的研究具有风向标作用。鉴于该遗址的重要

瓮棺葬发掘现场

性，1984年，郑州专门成立了大河村遗址保护管理所；1986年，大河村遗址正式对外开放；1989年，更名为郑州大河村遗址博物馆。

•“中华第一城”——西山古城•

置身于现代都市之中，我们对城的第一印象是什么？是川流不息的人群、琳琅满目的商品、一幢挨着一幢的高楼大厦……凡此种种，无一不和繁华、热闹、便捷这些词汇相连。但是城是怎样形成的？它在中华五千年文明史当中起着什么样的作用呢？文献上说黄帝造城，是史实还是传说？

恩格斯认为：城是人类社会发展到一定阶段的产物，是人类社会进入文明时代最为重要的标志之一。因此，考古学界在探索中国文明起源时，往往将城址的出现作为进入文明时代的一个重要判断标准。城的出现是划分野蛮时代和文明时代的一个重要衡量标准。那么在我们生活的这块土地上，目前所发现的最古老的城是什么时候的呢？

我们可以肯定地告诉大家，在距今5300年前，郑州地区就发现了城，这就是被誉为“中华第一城”的西山古城。

西山古城位于郑州市北郊23千米处邙岭余脉上，系1983年文物普查时发现。1992年，河南省首届考古钻探领队培训班对此进行了小面积的发掘；1993～1995年，国家文物局考古领队培训班在此进行了连续三年的发掘。勘探和发掘表明：西山古城平面近圆形，东部和南部被洪水冲毁，西、北、东三面现存城墙分别长约70、180、50米，推测该城址面积为3万多平方米。其后，又发现了外环壕，使得该城址的面积增加到近20万平方米。城内共清理房基120余座，窖穴、灰坑1600余座，灰沟20多条，墓葬200余座，瓮棺130座，出土大批陶、石、骨器等人工制品及兽骨、种子等动植物遗骸。

这个城垣面积仅3万平方米的小城，有什么特别之处而被称为“中华第一城”呢？

首先，西山古城的时代早。截至目前，考古学界已经发现夏代之前的古城址有50多座，西山古城是时代最早的一座。

其次，西山古城采用了先进的城垣夯

筑技术——夹板夯筑法，而且在西门外，还发现有架设吊桥的痕迹。所谓的夹板夯筑法，其具体做法是：先挖墙基槽，在基槽内用木板做成夹板，围成方块，周围用木棍打入地中将夹板加固牢靠，中间用土垫一层并夯实，再垫土、夯实，依次进行，直到将方块内填土夯平。西山城垣是目前发现的最早的方块板筑法遗迹，在中国建筑史上占有重要位置。比之同时期或更晚时期长江流域使用堆筑法建设古城城垣要先进很多。

第三，西山古城具备了完整的防御体系，显示出极强的防御功能。考古发现，西山古城是一个具有夯土城垣、壕沟、外环壕三重防御设施的古城堡。凡此种种，均说明西山城堡已经脱离了村落加围墙的聚落形态，开始具有守卫的性质，这种围墙加护城河的防御模式开启了中国几千年来城市防御体系的先河。

第四，西山古城折射出阶级的分化，标示着高于普通村落氏族家长的社会公共权利的诞生。西山古城城内一些房址底部、北城门下、西城门门道下，均发现有埋婴现象，这是目前考古所见最早的以幼童进行祭祀的遗存。同时在城内发现了一座面积达112平方米的夯土建筑基址和数百平方米的广场遗存。这些考古发现以无可辩驳的事实向人们证实了中华大地在5300年前，已经开始了阶级分化。

西山古城始建于5300年前，到距今4800年时废弃，比中国第一个大统一王朝夏朝还早了1000多年，那么在这么早的时期修建这样一座城池，这个城的主人到底是谁呢？

文献记载中国历史上有个三皇五帝时期，黄帝“十一征而天下服”，黄帝“置左右太监，监于万国”，并“为五城十二楼”。关于黄帝时期与考古学文化的对应，大部分学者认为约相当于考古学上的仰韶文化时期。西山古城从文化遗存面貌上看，恰好属于仰韶文化中晚期，且西山一带本身属于民间传说中的伏羲、神农、黄帝三位帝王活动过的三皇山。有学者认为，西山古城是黄帝的都城“有熊”。我们认为，就现有的文献和考古资料而论，还缺乏足够的证据。

西山古城究竟是谁建造的？目前学术界还存在着争论，但无论如何，西山古城作为我国发现最早的“雏形城市”，承接并开启了后代大规模城垣夯筑的先河，这一点，谁都无法否认。

商代前期的"大邑商"

在郑州中心城区，有一道黄土叠起的土岗，东、西、南三面呈"U"字形。这三面古城墙，在郑州人的记忆中，就是郑州的老城。关于这座城墙的时代，有人认为是隋唐时期，也有人认为是西周的管城。但是这个认识却被1950年秋的一次"意外"发现而更正了。

1950秋季的一天，河南省古迹学会会员、郑州市南学街小学教师韩维周在郑州二里岗一带建筑工地查看时，"意外"发现正在修路的民工不断将挖出的陶片向路基上扔。那些筑路的工人怎么也想不到他们扔掉的正是学术界苦苦寻觅的商代前期的"宝贝"；他们更想不到，就因为这小小的陶片，一个规模宏大的早商王都横空出世。韩维周赶紧捡起陶片，一片一片仔细查看，通过翻阅资料，初步判定它们是商代的遗物。掩藏不住内心的喜悦，第二天，韩维周又专程到二里岗一带调查，发现沟壁断坎处，大大小小的陶片到处都是，它们也是商代的吗？带着这些疑问，韩维周将这一发现报告给了有关部门。郑州商城遗址的考古发掘就此拉开了帷幕。

由于二里岗一带发现的多是灰坑、墓葬类的遗迹，通过这些遗迹只能说明郑州商城是一处商代早期的遗址。而1955年，

郑州商城复原

商城城墙

郑州商城内夯土城垣的发现，则将该遗址作为“城”的地位确定了下来。在一个暮色苍茫的黄昏，考古学家安金槐先生将一座商代墓葬清理到底时，发现墓底不是生土。这一“意外”的发现立即引起了他的警觉，通过判定，他认为这个墓底的土是夯土，且分布面积还不小。我们知道，中国古代建筑多采用夯筑的方式建造。因此这片夯土发现后，考古学家纷纷猜测：它是什么时代的？它的用途是什么？

是商代大墓吗？随着钻探的深入，这个推测被否定了。

是商代防水夯土坝吗？这个推测也被否定了。

那么，会不会是商代的城墙呢？安金槐先生提出了一个大胆的假设。

我们今天说这段城墙是商代的，底气很足。但是在当时，这个推测似乎有点太过大胆，因为遗存丰富的安阳殷墟没发现城墙，西周城垣也没有被发现。以致国家文物局局长王冶秋多次询问安金槐先生：“是不是城？你拿准拿不准？”安先生坚定地回答：“我自己挖的，绝对准确。”

随着20世纪70年代湖北黄陂盘龙城、80年代河南偃师商城的发现，郑州商城作为商代早期城址才被学术界所公认。郑州商城内夯土城垣平面呈不规则长方形，城垣总周长7000多米，城内面积3.18平方千

铜爵

牛首饕餮纹铜尊

米。东城墙北起白家庄，沿城东路至城南路折而向西，长1870米；南城墙东起熊耳河，沿城南路至南顺城街折而向北，长1870米；西城墙南起城南路，沿着南北顺城街、杜岭街至金水路河南省军区南院折而向东，长1700多米；北城墙西起河南省军区南院，沿金水路穿过紫荆山公园至白家庄，长1690米。

在确定了商城内城垣范围后，1974年张寨南街、1982年向阳食品厂、1996年南顺城街青铜窖藏重器的发现，则进一步奠定了该城作为商代前期“王都”的地位。张寨南街青铜器窖藏系人们挖防空洞时发现的，出土铜鼎2件，铜鬲1件。向阳食品厂青铜器窖藏是人们扩建厂房挖地基时发现的，出土铜器13件，包括饕餮纹大方鼎、饕餮纹大圆鼎、小圆鼎、羊首罍、涡纹中柱盂、素面盘、牛首尊、铜提梁卣、觚。南顺城街青铜器窖藏则是基建施工时发现的，出土铜器12件，包括方鼎、斝、爵、簋、戈、钺。关于铜器坑的性质，学术界有两种不同的意见，一种认为由于商王朝内部发生动乱，仓促间把王室重器窖藏起来，以免落入他人之手；另一种意见认为这样的铜器坑均为对口套装放置，属“有意而为之”，是商代举行大型祭祀活动以后形成的，具有祭祀坑的性质。不论哪种观点正确，这里出土的青铜器确是“国之

饕餮纹铜罍

铜方鼎

重器”的代表。其中的杜岭1号铜鼎形制庄重、造型精美、纹饰讲究，高100厘米，口径62.5厘米，纵长61厘米，重约86.4千克，成为郑州鼎立中原的象征。

在重大考古发现不断涌现的同时，20世纪80年代在配合基建施工过程中，学者们又陆续发现了商城外郭城垣。其实在1953～1954年，考古工作者在郑州二里岗一带发掘时，就曾发现过一条总长度为2100多米的夯土墙基，但是限于当时人们的认识水平，没有人将其认定为夯土城垣。其后随着夯土城垣的不断发现，2002年，河南省文物考古研究所对郑州商城外郭城进行了全面勘探，得出商城外郭城的南、北、西三面都应该有外城墙的结论。其中：北城墙大约位于现在的纬三路以北100米处；已发现的西城墙长度有1600米，根据其向西北延伸的趋势，最宽处可到铭功路西侧的制陶作坊，向北应到达东三街北的儿童医院；南城墙从内城东南角向外约850米处的凤凰台西向西南延伸，沿二里岗脊高地至内城正南800多米的郑州南关外高地处又折向西北。南、北、西三面城墙合围，组成一个朝向东北方向的大缺口。

这期间，不断发现的有郑州商城宫殿区以及制陶、制骨、制铜作坊遗址，还有蓄水池和涵洞，一般居民住宅和墓葬，陶器、石器、铜器、骨器、玉器、原始瓷器、卜骨等遗物。凡此种种，无不向世人昭示着郑州商城的磅礴大气。

郑州商城以其完整的城市结构和较早的测年结果而被大多数学者认为是商汤所建的亳都，距今已有3600年的历史。它从兴建到废弃大约经历了近300年的历史，是我国早商时期政治、经济和文化中心。考古发掘和钻探表明：遗址为内城外郭形制，面积达25平方千米，是当时北纬30°线上最大的城址。郑州商城的发现和确认，使得郑州在2004年顺利通过中国古都学会认定，成为中国八大古都正式成员。

•西周古城惊天下•

3000年前，中国历史上发生了天翻地覆、改朝换代的事件。偏居西北丰镐地区的周族封国，率领诸侯灭掉商王朝，建立周朝，从此中国历史又迈入了一个新朝代。

周灭商后为了巩固政权，统治天下，采取了分封诸侯国的制度，不仅大封宗亲功勋，而且遵照上古“灭国不灭祀”的传统，兴亡继绝，连夏、商时期灭绝的方国和部族也都给予了分封。郑州不但是周王朝的东方门户，而且是殷商王朝的故地。因此周初统治者十分重视对这片土地的管理和经营，分封了管国、东虢国、郐国、祭伯国、崇伯国等众多国家。然而自中国考古学诞生以来，郑州市除了在董寨发现几个窖穴、洼刘发现几十座西周墓葬外，其他周代的遗存几为空白。整个西周时期，从考古学上如何解读?

由现在的郑州市西行10千米，再北行10千米左右，会看到荥阳市豫龙镇寨杨村西侧、索河南岸台地上有一圈高起地表的土城，面积不大，约为280平方米。关于这座土城，当地百姓传说，北朝时期有一位漂亮勇敢、武艺高强的女将军在此驻扎，故名曰娘娘寨。至于这座土城真正建于何时，从无人考证过，以致1984年第二次全国文物普查时，把它归入与之相去不远的索河上游南岸的黑寨、乌云寨一类，属无重大学术价值的古城堡。

时至2004年，南水北调中线工程路径确定，为了调查工程沿线文物分布情况，郑州市文物考古研究所对娘娘寨遗址重新进行了调查，在试掘中发现一座西周灰坑打破寨墙，这一发现立刻引起考古研究所

娘娘寨城址发掘现场

所长张松林同志的注意。自2005起直至现在，郑州市文物考古研究所（院）对其进行了大规模的勘探、发掘工作。目前，共发掘城址面积15 000平方米，清理城墙、城门、房址、夯土基址、墓葬、道路、排水设施、陶窑、灰坑、水井、灰沟、土坑灶等各类遗迹1700多个。根据地层叠压、打破关系及出土遗物，考古工作者确认娘娘寨城址是一座由内城和外城两重城垣构建而成的两周时期的古城址。其中内城始建于西周时期，春秋时期进行修补，战国时期沿用；外城始建于春秋时期，战国时期进行修补和使用。而在这些发现中，最为重要的是西周时期古城址的发现。

西周时期的古城址大部分与现在的寨墙重合，其上被春秋时期的夯土城垣叠压，平面近方形，东西宽280米，南北长290米，面积约16万平方米（含护城河）。东西两面城垣因取土破坏严重，南北两面城垣保存稍好，城内四个拐角处皆被破坏。在四面城墙中部均发现有缺口，通过对西、南、北三个缺口进行了解剖，确认其为西周城门遗迹。城外勘探发现有宽48米、深12米的西周时期的护城河。

城内以通向城门的“十字形”主干道路为轴线，将城内分割为四个小区域。夯土基址位于城内中南部南北向主干道的两侧，均被破坏严重，其中一座编号为F12

的，勘探确认基址东西宽12米，南北长45米，面积为540平方米，为大型建筑遗存。城内北半部主要是手工业作坊和一般平民居住区，发现有陶窑、灰坑、水井、墓葬等遗迹。

承开篇所言，娘娘寨遗址的发现首先为郑州地区找到了西周时期的考古学文化遗存。在此基础上进行调查，仅在娘娘寨周围几十千米范围内，就新发现了30多处西周遗址，在一定程度上填补了郑州地区西周文化遗存几近空白的缺憾。娘娘寨遗址不仅是一处遗址，而且还是郑州地区发现的第一座、全国发现的第五座带有城圈的西周城址，为西周时期城市考古提供了新的材料。考古学界通过对娘娘寨遗址的发掘，证明了整个西周时期郑州地区的商遗民文化因素占据主导，典型的宗周文化因素很少。这种现象一方面说明周王朝在此地的统治力度不强，另一方面说明中原地区文化本身的强势性。从黄帝开始到夏、商、周，中原地区作为当时中国的腹地，它的文化序列一直连绵不断地向前发展。

• 千年沧桑郑韩都 •

今天，在新郑市区北入市口处岿然屹立着一道“土岭”，它就是距今已有2700年历史的郑韩故城古城墙，也是目前世界上同期土城墙中保存最为完好的一座。

郑韩故城是东周时期著名的都城之一。据史料记载，公元前770年，郑国将国都从陕西咸林（一说棫林）迁到今新郑溱水、洧水间，历395年。为了区别于陕西的“郑”，后来人们把这个地方称为“新郑”。公元前375年，韩哀侯灭郑，将国都自阳翟（今许昌禹州）迁于郑城，于韩王安九年（前230）秦灭韩止，韩都于新郑145年。在列国都城中，新郑为都时间仅次于齐都临淄。

郑韩故城平面呈不规则的长方形，俗称“四十五里牛角城”，依双洎河和黄水河两岸附近的地势修建而成。城墙下部为郑国城基，上部为韩国增高加宽部分。城墙东西长约5000米、南北宽约4500米、周长19千米，面积22平方千米。现存城墙一般高10米左右，最高达19米，基宽40～60米，顶宽2～5米。城内中部有一道南北向的隔

千年沧桑古城墙

墙，将城址分为西城和东城两大部分，东城面积大西城近一倍。

西城为主城区，平面呈南北长方形，主要是郑、韩两国王宫的中心，发掘有郑国大型宫殿遗址、郑君子婴大墓、缫丝作坊、凌阴井和韩国宗庙遗址，出土有韩国太庙巨型无字“祖”石碑。

东城为外郭城，平面呈不规则的矩尺形，主要是郑、韩两国工商业分布区和居住区。这里发现有铸铜、制陶、制骨和制玉等手工业作坊基址。在东城区南部端湾一带，发现中型以上郑国贵族墓300多座。

与春秋战国时期的列国都城相比，郑韩故城的独特性主要有：

（一）郑韩故城具有独特的防御辅助设施。战国时期，韩国在西城北墙外增筑了4个高大的马面。在古都研究中，经常把汉魏洛阳城作为中原地区已发现马面的最早实例，郑韩故城的马面比汉魏洛阳城早了300多年，是中国目前确认的最早的马面实例，在中国古代军事史上具有重要意义。

（二）郑韩故城是都城坐向转变的最早实例。传统认为都城坐向由“坐西朝东”变为“坐北朝南”发生在东汉时期的洛阳城。但是通过40余年的考古调查和发掘，学界认为这个转变应该在郑韩故城。郑国时期，其都城坐向为坐西向东，郑国宫殿区位于西城今阁老坟村一带；郑国祖庙和三个社稷祭祀遗址均位于东城内，与文献记载的“一国三社”相吻合。战国时期，韩国将其坐向改为坐北朝南，在宫城南面发现有韩国祖庙遗址，并出土有韩国祖庙碑。韩国宫殿区内还发现有凌阴遗址，它是我国目前发现的战国时期保存较完整的冷藏冰窖遗存。

（三）发现了大型社稷祭祀遗址，填补了春秋战国时期社稷遗存的空白。“国之大事，在祀与戎。”1993年郑韩故城金城路发现青铜礼乐器坎3座，出土青铜礼器61件，青铜编钟24件，殉马坑3座。1995年至1996年春，在新郑市城市信用社发现青铜礼乐器坑8座，其中6座坑被盗，仍出土青铜礼器33件，编钟24件，另有殉马坑55座。1996年9月至1998年9月，中国银行新郑支行发现的更大规模的青铜礼乐坑和殉马坑，该祭祀遗址总面积达22 000平方米。先后发现青铜礼乐器坑18座，出土青铜礼器142件，编钟206件，殉马坑45座，夯筑墙基一道。这一发现轰动了全国，荣获1997年全国十大考古新发现。这三处祭祀遗址都是以没有宗庙的建筑为特征，符合社稷以天为穹隆、祭祀瘗埋祭器、牺牲用马等情况，亦符合“右社”（稷）的方位。

惊世艺术杰作——青铜莲鹤方壶

莲鹤方壶

此外，20世纪八九十年代，考古工作者在东城今新郑市政府后院一带发现有大面积的夯土台基，大型磉墩（柱础）和马、猪以及其他动物骨骼的祭祀坑，疑是郑国宗庙所在。

1997年，又在西城发现的战国时代韩国的宗庙及大型石圭。圭长3.26米，宽0.45米（取中），厚0.26米，中部偏下有穿，是我国目前发现的形制最原始、时代也最早的宗庙“祖”碑，应为稀世珍品。

一城发现两处宗庙遗存和三处社稷祭

祀遗址，为其他故城所不及。

（四）拥有庞大的手工业生产作坊和高超的匠作传统。目前，郑国的手工业作坊遗存较韩国发现的为少，比较丰富的发现主要有大吴楼铸铜遗址，中国银行新郑支行铸铜遗址和热电厂制陶作坊遗址等。韩国的手工业在郑国手工业的基础上又有更大规模的发展，著名的有大吴楼铸铜遗址、中国银行新郑支行铸铜和铸铁遗址、仓城铸铁遗址、梳妆台铸铁遗址、人民路制骨遗址、能人路制陶遗址和冯庄制陶遗址等。这些手工业作坊动辄上万平方米或10余万平方米，体现出当时商业的繁荣。其巅峰之作当属1923年新郑李家楼大墓出土的两件青铜莲鹤方壶，至今，在重量、高度、艺术造型的精美程度等方面，还没有超过它的。

（五）郑韩故城内“灭国、灭祀”迹象明显。韩灭郑后，在郑国宫殿的主体建筑“梳妆台”上面进行铸铁手工业生产；将中国银行新郑支行社稷祭祀遗址上辟为韩国墓葬区；同时，还将病死的儿童和有生理残缺的人埋入郑国陵区内，以破坏其风水。这种情形，与上古时期“灭国不灭祀”的传统完全相悖，在东周都城中独具一格。

总之，郑韩故城是东周时代比较典型的“双城制”都城，也是由于商品经济的发达而形成的真正意义上的“城市”，是郑、韩两国政治、经济、文化的中心。

【知识链接】

马　面

在中国古代，为了加强城门的防御能力，许多城市设有二道以上的城门，形成“瓮城”，城墙每隔一定的距离就突出矩形墩台，以利防守者从侧面攻击来袭敌人，这种墩台称为敌台，或“马面”。马面平面有长方形和半圆形两种，它的一般宽度为12～20米，凸出墙体外表面8～12米，间距为20～250米（一般为70米）。因外观狭长如马面而得名。马面这个名称，首先见于《墨子》中的《备梯》与《备高临》二篇，其中所说的“行城”即“马面”。

马面的出现是冷兵器时代军事需要在城墙建制上的反映。马面的使用是为了与城墙互为作用，消除城下死角，自上而下从三面攻击敌人。它提供了以最经济、合理的方法来使用兵力和兵器的可能性。

大风歌里冶铁忙

公元前206年，在咸阳南的轵道旁，刘邦率领10万大军接受了秦王子婴的投降，给赫赫威名的秦王朝画上了句号。代之而起的，是一个威名远播的大汉帝国。直到现在，中国人仍然称呼自己为“汉人”，以华夏族为主的中原部族集团被称为“汉族”，其文字系统亦称为“汉字”。

是什么力量拉动汉王朝经济快速增长，创造出极其繁荣的大汉文明呢？

国际考古学家C·J·汤姆森认为，两千多年前，世界经济发展的动因可以归结于一个字，那就是“铁”。从目前的考古发现来看，汉代的铁器，不但应用于农业，而且用于制作生活用具和兵器。铁器的应用大大提高了社会生产力，并影响了2000多年的社会发展，直到今天，铁器在我们日常生活中仍占有很大比重。

『河一』铭文铲范

那么汉代的冶铁业是什么样子的呢？或许通过古荥冶铁遗址、巩义铁生沟冶铁遗址可窥一斑。

古荥冶铁遗址位于郑州市西北27千米处的惠济区古荥镇。遗址面积约12万平方米。有两座规模较大的炼铁高炉残迹被发现，东西并列，相隔14.5米。炉基深3米，炉缸为椭圆形，面积8.5平方米，炉壁厚1米。在炉前清理出大小不等的13块积铁，其中一块重约23吨。炉前有宽敞的工作面，在冶炼区东部和南部有堆炉渣的坑，炉渣堆积厚6米以上。炼炉周围，还有矿石加工场、高架、鼓风管残片、水井、水池等设施，组成了一个完整的冶炼系统。同时出土很多制造熔炉的耐火砖和大批陶模。这个作坊生产的铁器铸造质量优良，并根据产品性能的需要做了柔化处理。高炉附近出土大量成套的铸造模具和铁器成

古荥汉代冶铁遗址陈列馆

品，大多有“河一”铭文，产品以生产工具为主。发掘中还清理了陶窑14座及船形坑等与冶铸有关的遗址。遗址的年代为西汉中期至东汉时期。发掘材料证明它是官营的冶铸联合作坊，对研究我国冶金史具有重大意义。为了全面展示古荥冶铁遗址的辉煌，1983年，郑州市专门成立了古荥镇汉代冶铁遗址保护管理所，1986年10月7日正式对外开放。

古荥冶铁遗址出土的高炉是目前我国发现的古代容积最大的炼铁炉。1号高炉一天可以冶炼1吨铁，就是与近代炼铁高炉相比，能力也不落后。高炉断面由圆形到椭圆形，是炼铁历史上的一个技术进步，既增大了炉缸面积，又能缩短风管和高炉中心区的距离。直到1850年，美国才建成了两座椭圆形高炉。而这个时间，显然比中国落后了1000多年。

1986年10月，“金属的早期冶炼及其应用”第二次国际学术讨论会在郑州举行。来自美国、英国、加拿大、新西兰、澳大利亚、瑞典、意大利、南斯拉夫、日本、印度和中国等十多个国家的专家学者参加了会议，这些冶金方面的专家对古荥汉代冶铁遗址的伟大创举赞叹不已。

铁生沟冶铁遗址位于现在的巩义市老城西南29千米处铁生沟村南侧台地上。遗址东西长约180米，南北宽约120米，总共2.16万平方米。遗址四面有低山丘陵，盛产铁矿，并有丰富的森林和煤矿等燃料资

犁铧

双齿镢

锄

凹形锄

冶铁遗址出土铁器

源。该冶铁遗址系1958年发现，在2000平方米范围内，挖出炼炉18座，锻炉1座，炒钢炉1座，脱碳退火炉1座，烘范窑11座，多用途长方形排窑5座，废铁坑8个，配料池1个，房基4座，铁器及铁料200件，陶器233件，熔炉耐火材料39块，铁范1件，浇口铁3件，少量泥范，鼓风管8个，以及各种耐火材料残块和建筑材料等1000多件。该遗址还出土了各种铁制生产工具、生活用具和兵器等160多件。在冶铁遗址西南3千米的罗汉寺村和东北方青龙山麓的罗泉村、北庄村，发现有当时采矿的矿井、巷道等采矿遗迹。遗址北半部还有一处矿石加工场。从地层堆积及出土遗物判断，该冶铁遗址的时代大约从西汉中期开始延续到东汉初期。

从出土的煤块、煤饼和煤渣看，我国西汉时期可能已经用煤来冶铁，这对研究我国古代冶金烧火材料具有极重要的意义。出土的部分铁器上有“河三”铭文，推测这里应是汉代河南郡所辖的第三号制铁作坊。研究表明，这里是一处冶炼生铁、铸铁、脱碳退火（柔化处理）、制造铁器的综合性工场，其生产的基本环节是：炼铁、铸造、脱碳退火；或炼铁、铸锭、炒钢、锻造。通过对其中73件铁器进行金相分析，我们可知这里已经有了共晶白口铁、亚共晶白口铁、灰口铁、麻口铁、脱碳铸铁、韧性铸铁、铸铁脱碳钢和炒钢锻打件等。尤其重要的是这里还发现了球墨铸铁，在西方，硬度比较高的球墨铸铁直到1947年才被英国人冶炼出来。

在郑州地区，至今仍然保存着许多与冶铁遗址有关的村名，如铁炉村、铁屯村，这些村名说明这里曾是汉代冶铁遗址的中心，是我们可以触摸到的汉代重工业基地。我国不是最早发现铁并制造铁器的国家，却是最早掌握生铁液态冶炼技术的国家，生铁液态冶炼技术适合批量生产。因此可以毫不夸张地说，我国的冶铁技术在许多方面领先西方一千多年。

• 黄冶唐三彩的故乡 •

唐三彩是我国唐代民间创烧并盛行一时的一种多彩铅釉陶，其釉色以黄、绿、蓝或黄、绿、白为主。据考古发掘，在丝绸之路、地中海沿岸和西亚的一些国家都曾经发掘出唐代三彩的器物碎片。日本奈良时期曾经模仿中国的三彩制作出奈良三彩，朝鲜的新罗时期也仿造中国的三彩制作新罗三彩。唐三彩因其独特的工艺技术享誉世界。

目前可知烧制唐三彩的有陕西耀州窑、西安市老机场、河北邢台、巩义黄冶窑四处窑址。巩义黄冶窑址是国内目前发现的生产唐三彩时间最早、持续时间最长、窑址面积最大、产品数量最多的一处窑址，是唐三彩制作工艺的发源地，同时又是我国古代陆路和海路丝绸之路上十分重要的文化遗存。故宫博物院的苗建民先生用中子活化分析（NAA）对唐三彩的原料产地进行了系统的研究，分析得出洛阳地区和扬州地区出土的唐三彩均产自巩义黄冶窑。

巩义黄冶唐三彩窑址位于巩义市站街镇大、小黄冶村附近的黄冶河两岸，大概分布在南北长5千米，东西至河两岸山脚约1公里的范围内，西距巩义市区5千米。这一带地表是一层深厚的黄土，地面草木复杂，地下蕴含着丰富的高岭土和煤层，为古代陶瓷生产提供了一个非常理想的场所。该窑址是1957年故宫博物院的冯先铭先生发现的。此后，河南省文物考古工作者先后对该窑址进行了多次调查和试掘，确认窑址总面积约16万平方米。2002～2004年，考古部门对其进行了四次发掘，共清理出窑炉10座，作坊5处，淘洗池、沉淀池、陈腐池各1处，灰沟12条，灰坑186个，并获得多组重要地层关系，出土完整或可复原的瓷器、三彩器、白釉绿彩器和各类窑具3000多件。从发掘结果来看，巩义黄冶窑创烧于隋，停烧于唐代晚期。

除了确认黄冶窑是唐三彩的重要生产基地外，黄冶窑还有两项重要成果值得一提。

一是发现器型硕大、造型美观实用、釉色光泽莹润的唐代细白瓷器。过去陶瓷界认为唐代细白瓷是河北邢窑、定窑的产品，而河南地区的白瓷则被认为是比较粗糙的产品。黄冶窑细白瓷的出土，为收藏于国内外各大博物馆的不属于邢窑和定窑的那部分唐代细白瓷找到了产地，同时也让人们对《新唐书·地理志》中关于河南府开元贡白瓷的记载有了进一步的认识。

二是出土的唐代青花瓷器残片，为青花瓷的起源和创烧提供了重要的实物依据。大家知道，青花瓷是我国的国粹，然而中国青花瓷起源于何时，怎样产生、发展、传播，并进入成熟阶段，从而发展成元、明、清三代最具特色的瓷种，史籍中很少涉及，即使中华人民共和国成立后编撰的第一本具有权威性的《中国陶瓷史》，也由于资料限制，对当时已经发现

三彩钵（唐）

三彩子母盏（唐）

塔式青花罐（唐）

三彩双龙尊（唐）

的唐代青花瓷片仅仅按传统认定为原始青花瓷。但是，随着江苏扬州唐城遗址唐代青花瓷残片的不断出土，尤其是进入21世纪以后，对“黑石号”沉船的打捞，5件完整的唐青花瓷的出现，一下子引起了社会各界的关注。2007年，郑州市文物考古研究院在上街区峡窝镇西4千米的农田中部编号为M7的一座唐墓中，发现了两件完整的唐代青花塔式罐，则再一次将唐代青花瓷研究推向了高潮。

目前唐青花瓷的出土地点有河南安阳、巩义、洛阳和江苏扬州等地，而在窑址中，仅黄冶窑发现了唐代青花瓷片。因此有部分学者认为唐青花瓷是巩义黄冶窑的作品，其生产主要用于外销。

唐代青花瓷到底创烧于什么时候？它是怎样产生的？产生后又是怎么发展的？它的发展情况怎样？青花瓷是否随着唐王朝的灭亡也失传了？宋代有无青花瓷？青花瓷真的是在元代才复烧的吗？这一连串的问题还有待于继续探索，但是巩义黄冶窑发现的青花瓷片却注定要写进中国陶瓷史。

胜景掠影

——钟灵毓秀的山魂水魄

郑州地处中原腹地、黄河之滨，是中华民族的发祥地之一，华夏文明的摇篮。悠久的历史在郑州留下了丰富的文化积淀。这里山水灵秀，文化厚重，名胜古迹星罗棋布；这里道路纵横交错，交通便利，有亚洲最长的公路大桥——郑州黄河公路大桥，有纵贯全国南北的京港澳高速公路和京广铁路、横贯东西的欧亚大陆桥——连霍高速公路等；这里人文、自然景观众多，有嵩山风景名胜区、炎黄子孙寻根拜祖的黄帝故里、中国宋代四大书院之一的嵩阳书院、我国现存最大的道教建筑群中岳庙、我国最早的天文建筑周公测景台和元代观星台、驰名国内的密县县衙、规模宏大的康百万庄园等；这里还有神秘的始祖山岩画、景色宜人的沿黄风景名胜、风光旖旎的环翠峪等名胜古迹。

漫游古都，可以领略她的美丽、感受她的博大精深，感知华夏民族的辉煌历史和现代文明。

少林寺

• 禅宗祖庭少林寺 •

少林寺位于登封市西12千米处的嵩山五乳峰下，是我国久负盛名的佛教寺院、声誉显赫的禅宗祖庭、少林功夫的发祥地。

少林寺始建于北魏孝文帝太和十九年（495），是孝文帝元宏为安顿印度高僧跋陀传教而兴建的，因其建在少室山下的密林之中，故名“少林寺”。北魏孝昌三年（527），印度高僧菩提达摩来到少林寺，在少室山五乳峰一天然石洞面壁九年，首传禅宗，后人称之为“禅宗初祖”，少林寺被称为“禅宗祖庭”。北周建德三年（574），周武帝宇文邕禁灭佛道，少林寺被毁。北周静帝宇文阐于大象年间重兴佛教，少林寺得以复兴，更名“陟岵寺”。隋开皇年间，复称少林寺，并赐田百顷，从而奠定了寺院庄园的基础。唐初，少林寺志坚、昙宗等十三棍僧，在秦王李世民讨伐王世充的征战中，立下汗马功劳，得到了李唐统治者的赞誉和封赏。在

达摩渡江

达摩面壁

塔林

此期间，少林寺在朝廷的大力支持下发展极快，博得了“天下第一名刹”的美称，少林功夫也从此美名远扬，于明代达到鼎盛。民国时期，军阀石友三放火烧毁了少林寺的大部分建筑，千年基业毁于一旦。中华人民共和国成立后，政府多次拨款修缮，如今的少林寺已雄风重振。

少林寺主体为常住院，中轴线建筑共分七进，由南向北依次为山门、天王殿、大雄宝殿、法堂、方丈院、立雪亭、千佛殿。寺院内保存有大量的石刻、石碑，多为御书或名家所书，艺术价值和历史价值极高。寺内塑像众多且造型各异，从坐禅到练拳，每尊塑像都姿态各异，形象逼真。寺内有众多古树名木，如塔院三株银杏树，称“银杏树之王”。“天下功夫出少林”，发源自少林寺的少林派武功以刚健有力、朴实无华、套路繁多、实战性强闻名天下。

在少林寺西300米处，是我国现存规模最大、数量最多的古塔建筑群。现存有唐代至清代的砖石墓塔两百多座。塔的大小不等，形状各异，大都有雕刻和题记，反映了各个时代的建筑风格，被专家誉为

少林武僧抗倭寇

断臂求法

"古塔艺术博物馆"。寺院北有初祖庵、达摩洞、甘露台，西南有二祖庵，东北有广慧庵。其周围还有同光禅师塔、法如禅师塔和法华禅师塔等古塔十余座，古碑多通。

• 道教圣地中岳庙 •

中岳庙位于嵩山南麓太室山黄盖峰下，是著名的道教圣地，被道家称为"第六小洞天"，是我国现存规模较大、较古老的道教建筑群。

中岳庙前身是太室祠。始建于秦，西汉元封元年（前110）正月，汉武帝登嵩山，令祠官增建太室祠。是历代帝王或大臣封禅或祭祀中岳山神的场所。历代均有一定规模的修建，现存庙院形制是清代乾隆年间按照北京皇宫布局重修的，有殿、宫、楼、阁、亭、台、廊、庑等明清建筑400余间，汉至清的古柏300余株，金石铸器、石刻造像等金石文物百余件。

中岳庙依山势而建，由低到高，逐层组建，左右对称，是典型的官式建筑形式。庙院南北长650米，宽166米，总面积约10万平方米。庙院沿中轴线从南向北主要有中华门、遥参亭、天中阁、配天作镇坊、崇圣门、化三门、峻极门、崧高峻极坊、中岳大殿、寝殿、御书楼，前后共十一重。最北以黄盖亭为终端，站在亭内可俯瞰中岳庙全景，远眺苍翠群山。中轴线两侧建有太尉宫、火神宫、祖师宫、神州宫、小楼宫等。殿宇、楼阁、廊庑等共

中岳庙

“名山第一”牌坊

400余间，气势恢弘。整个建筑布局严谨，规模宏伟，红墙黄瓦，金碧辉煌，是五岳中现存规模最大的古建筑群。

主体建筑中岳大殿，面阔九间，进深五间，挑檐抹角，四龙吞脊，顶覆黄色琉璃瓦，庑殿式建筑，朱墙黄瓦，气势雄伟，素有“台阁连天，甍瓦映日”之称。殿内正中供奉崇圣大帝中天王，两侧配祀以使臣和侍者及镇殿将军方弼、方相，陈列有清代乾隆皇帝所赐铜铸香案、香炉、蜡盒和明代铁钟、大鼓等珍品，殿前两侧各立一亭，一曰御香亭，一曰御帛亭，两亭均为重檐八角，结构精良，造型优美。

庙内古柏参天，亭台楼阁遍布，碑碣林立，珍存着许多文物瑰宝。碑石之中最为著名的是北魏中岳嵩高灵庙碑，该碑碑文记述了北魏文成帝太安二年（456），著名道士寇谦之修复中岳庙及在此传播道教的经过。嵩高灵庙碑是研究道教历史的重要金石资料和古代书法艺术之珍品。庙中还珍藏有铸造于北宋治平元年（1064）的四大铁人像，四尊铁人铸像为我国现存镇库铁人之中形体最大、保存最好、铸造较佳的艺术精品。

程朱理学发源地——嵩阳书院

嵩阳书院是我国宋代最高学府，它与湖南岳麓书院、江西白鹿洞书院、河南应天府书院，并称为北宋时期中国四大书院。

嵩阳书院始建于北魏孝文帝太和八年（484），原为嵩阳寺，隋改为嵩阳观，唐改为奉天宫，为嵩山佛、道、儒三教荟萃之地。五代后周改为太乙书院，宋代景祐二年（1035）赐额为“嵩阳书院”，成为传播儒家思想、培育英才的教育基地。宋代巨儒程颢、程颐在此创立“二程理学”，司马光、范仲淹、朱熹、韩维、李刚、吕海等都曾在此著书讲学。

嵩阳书院现有房舍百余间，面积一万多平方米。书院内中轴线共五进，分别是大门、先圣殿、讲堂、道统祠和藏书楼。先圣殿内祀孔子及四大弟子像，道统祠内有周公、大禹、尧帝像。藏书楼原为存放儒家经典的书房。在讲堂之后有泮池，为儒家弟子中举之后回来绕行怀念宗师孔子的地方。中轴线两侧的配房，均为硬山式建筑，分别为程朱祠、丽泽堂、博约斋、碑廊等。

书院内有树龄古老的汉封将军柏，从汉武帝刘彻授封至今已有2000多年的历史。门前有一巨型石碑《大唐嵩阳观纪圣德感应之颂碑》，乃纪念嵩阳观道士孙太冲为唐玄宗李隆基炼取仙丹、医病健身而立，碑上的文字雕刻精美，刚柔适度，

将军柏

大唐嵩阳观纪圣德感应之颂碑

嵩阳书院将军柏

嵩阳书院

气势遒劲，为著名书法家徐浩八分隶书，是河南省现存最大的碑刻，被称为祖国书法宝库中的一颗珍珠。此外，书院内还有《汉封将军柏碑》、北宋黄庭坚的《诗碑》、明代的《四箴碑》《汉封将军柏图碑》《石刻登封县图碑》等书法刻石，雕工精细，堪称艺术珍品。

• 天心地胆观星台 •

观星台位于登封市东南12千米的告成镇周公庙，庙前有青石砌筑的周公测景（影）台，庙后便是砖石砌筑的元代观星台。观星台建于元至元年间（1264—1294），是我国现存最古老、保存最好的天文台，在世界上也属最早的天文建筑之一。

周公测景台，学名“八尺表”，俗称无影台，为我国古代立八尺表测影的遗制，为测量日影、验证时令的仪器。相传周文王之子周公（姬旦），为营建洛阳曾来此测验日影。周公测景台用青石制作，分台座和石柱两部分。石柱为表，台座为圭，表的顶端为屋宇式盖顶，南面刻有“周公测景台”等字。历史上不少天文学家、历法家都在这里进行过天文观测活动。

观星台为砖石结构的建筑，由覆斗状的台体和石圭两部分组成。整个建筑布局严谨，台高9.46米，台身上小下大，台面呈方形，用水磨砖砌造，台顶各边有明显收缩，并砌有矮墙。台顶两端的小屋中间，从台底到台顶都是有凹槽的“高表”，在凹槽正北是36块青石平铺的石圭（俗称量天尺）。

观星台

观星台，是元代全国的中心观测站，郭守敬曾经在这里重新观测了二十八星宿和其他一些恒星的位置，并编制了当时最先进的历法——《授时历》。

古老的观星台，从建造至今已有700多年，历经沧桑，屡有损坏，又几经修葺。1944年，侵华日军炮击观星台，使台体损失严重。中华人民共和国成立后，政府对观星台进行了保护和整修，并找到了早已失散的量天尺圭石一方，恢复了量天尺原有三十六圭石的原貌。还加固整修了“周公测景台”、照壁、山门和围墙，恢复了原有的大部分院落。院内增修了路面和草坪，种植了多种树木花草，使这里成为普及天文科学知识的阵地，国内外旅游者的参观场所。

郭守敬测天

中华圣地——黄帝故里

黄帝，姓公孙，名轩辕，是中华人文始祖。约5000年前，中华始祖轩辕黄帝生于新郑北关的轩辕丘，他务农桑，兴医学，制舟车，服衣裳，创文字，定历律，带领先民们由野蛮步入文明。后世为纪念黄帝功德，在轩辕丘上建造黄帝故里祠。故里祠始建于汉，历代多有修葺，使这里成为亿万炎黄子孙寻根拜祖的圣地。清康

轩辕故里

熙五十四年（1715），新郑县令徐朝柱立有“轩辕故里”碑。

黄帝故里景区位于轩辕丘，占地80亩，分5个部分组成：中华姓氏广场区、故里祠区、鼎坛区、艺术苑区、轩辕丘区。

中华姓氏广场

中华姓氏广场是2007年新建的，长宽各130米，是一个正方形广场，有3000多个姓氏被刻上姓氏墙。广场四周种植着960棵被称为“活化石”的水杉，象征着中国960万平方千米的土地。广场内有古朴典雅的轩辕桥，潺潺流水的姬水河，屹立中道的乾坤晷盘，中华第一古枣树、银杏树、国槐、松柏等参天古树，还有盘龙二石坊跨甬道南北峙立。

中华姓氏鼎坛

鼎坛有甬道铭文、中华民族图腾柱、鼎坛及回廊。鼎坛树九鼎，其中，黄帝宝鼎置于鼎坛中心，采用的是新郑裴李岗文化遗址中出土的8000多年前的乳丁纹陶鼎形式，为三足圆鼎。鼎腹有九龙，寓示九州，龙首有宝珠，象征国家之光，鼎足为熊足，寓意黄帝立国于有熊。鼎坛高3.9米，宝鼎通高6.99米，直径4.7米，重24吨，为“天下第一鼎”。其他八鼎分别为爱鼎、寿鼎、财鼎、仕鼎、安鼎、丰鼎、智鼎、嗣鼎，分置八卦之位。鼎坛四面回廊挂有当代名人歌颂黄帝功德的楹联。

■ 黄帝故里祠

这是整个景区的核心部分，有前门、正殿、配殿。正殿里面供奉有我们炎黄子孙的伟大始祖轩辕黄帝塑像，上面的匾额有全国人大常委会副委员长程思远先生的题词“人文初祖”。殿内四周的壁画，生动地展现了黄帝一生的丰功伟绩。两配殿分别塑有黄帝元妃嫘祖和次妃嫫母像。

■ 轩辕丘区

丘内建有轩辕宫。丘高19米，长100米，轩辕宫为地穴覆土式建筑，建于丘内，寓意黄帝出生地。

此外，景区内还有黄帝文化艺术苑区，荟萃了丰富多彩的黄帝文化艺术展品。

黄帝故里是海内外炎黄子孙寻根拜祖的圣地，也是世界客属第十八届恳亲大会拜祖仪式和每年农历三月初三黄帝故里拜祖大典的现场。

• “天下第一宫”——黄帝宫 •

黄帝宫坐落于新密市东部武定湖北岸，被誉为“中华人文始祖圣地”“天下第一宫”。这里依山傍水，风光旖旎。相传轩辕黄帝初战蚩尤失利后，在此招贤纳士，研兵习武，先后拜风后、力牧、常先、大鸿为将相，与风后研创了我国最早的八阵兵法，开创了华夏一统基业。

人祖轩辕洞内，黄帝与风后的塑像神态悠然，栩栩如生，似在谈古论今，议安天下。讲武场、祖师殿、议事亭和嫘祖草堂，似一颗颗明珠，镶嵌在大殿四周，使整个殿宇错落有致，层次格外分明。

黄帝宫前是柳绿珠映、粼波闪耀、湖面长度为两千米的武定湖。对岸为鼎足而立的三座城堡。近前两座，犹如宫阙，左右分立。左边的位于四周环水、被苍松古柏所覆盖的龙凤岛上。岛上有黄帝时期留下来的城堡。城堡内有风后八阵图碑，还

黄帝宫

有供人们旅游度假、造型别致的小木屋和冬暖夏凉的窑洞。右边的坐落在清心岛。最南边的风后八阵兵俑城，恰似屏风。城堡内数百个兵马俑组成的天覆阵、地载阵、风扬阵、云垂阵、龙飞阵、虎翼阵、鸟翔阵、蛇蟠阵，再现了当年黄帝与风后布兵研创八阵的壮观场面。

从玄女岛穿过玄女峡，峡谷间弯月状的一泓清水为“九龙潭”。潭中有一小岛，岛上建有“九龙庙”。在潭北尖石岩上，有一带状瀑布，喷银吐玉，常年不断。水冲石岩声大如龙吟，似惊雷轰鸣，被世人称为“响水潭”。

黄帝宫作为人们朝圣拜祖、旅游度假胜地，吸引了历代文人骚客。明代诗人张于阶撰有一首赞黄帝宫八阵诗：“徘徊风后阵，八面列高嵩。马走烟霞外，人行日月中。流泉寒小鹫，硖石引长虹。远望龙蛇岫，图旋十二宫。”清代著名诗人钱青简留诗句颂之：“战败蚩尤犒旅徒，云岩深涧葬兵符。千秋永罢干戈事，蔓草寒烟锁阵图。”

“南京到北京，不如黄帝宫。三柏二石一所庙，嫘祖娘娘坐空中。石头缝里长柏树，老龙叫唤不绝声。黄帝风后研八阵，云岩立宫聚群英。”这是一首从明代流传下来的歌谣，记录了千百年来中原人民对黄帝宫的衷情。至今在黄帝宫附近，还留有养马庄、仓五村、拜将台、宫殿、轩辕门、讲武门等许多黄帝活动的遗址。

【知识链接】 九龙庙

九龙庙，又称“龙抓王小庙”，位于新密市黄帝宫风景区。

相传，东海龙王带了九个王子来此玩耍，九个龙子被这迷人的风景所吸引，东海龙王催了多遍，他们也不愿走。于是，东海龙王一气之下，便丢下他们自己走了。过了几天，一个名叫王小的少年，骑着马，鞭打荞麦四十五里，待走到这里饮马时，老百姓追上王小责怪。王小不但不认错，反而破口大骂。这下激怒了潭中的九条龙。只见潭上忽起黑云，接着一声响雷，暴雨倾下，九条龙奋起，便把王小抓了。为示后人，当地百姓在此建庙立碑，如今庙旁还立有一通乾隆年间的积德行善碑。

文明探源始祖山

始祖山位于河南省中部禹州市、新郑市、新密市三市交界处，属于伏牛山余脉。始祖山系海拔500米以上，最高点海拔787.8米。山体由下元古界的千枚岩、片岩、石英岩构成，局部地层为寒武系、奥陶系灰岩。山势陡峻，一般坡度大于35°，局部地段近于直立，相对高差在300～500米。始祖山地质复杂，悬崖峭壁直插云霄，怪石林立，险峰突兀，风光秀丽。

神秘的始祖山

岩画

岩刻

岩刻符号

1988年，许昌禹州的摄影爱好者刘俊杰在始祖山进行摄影创作时，偶然发现了一些人工凿刻于山石上的奇怪符号，从此如痴如醉，他查阅大量文献与资料，求教多位专家、学者，最后得出结论，这些符号就是始祖山岩画。始祖山岩画的惊人发现被媒体报道后，引起了世人的关注，也引起了国内众多考古专家的浓厚兴趣。几十位专家、学者先后走进始祖山进行科学考察和研究，初步推断这些岩画年代不晚于4000年前。始祖山岩画使每一位目睹其风采的人感到震撼，它是中原地区首次发现的规模庞大的岩画、岩刻群。

石构建筑遗址

据初步调查，始祖山内隐藏有3000多处岩画、岩刻。这些岩画由圆形、方形、条形及网状等岩刻符号组成，其中一处刻在岩石上的呈女性持征的岩画，再现了远古时代人类对生殖的崇拜，是民族生命力的体现。同时，始祖山内还存在巨石、祭坛和石构建筑遗址等。

神秘的始祖山，是神话传说之山，“天书”般的岩画、岩刻蕴含着极为丰富的文化信息，涉及哲学、天文、地理、农业、数学、文字等诸多领域，是祖先留下的珍贵财富。

河洛汇流

• 河洛汇流华夏源 •

黄河与洛河交汇处位于巩义市河洛镇，距巩义市区约10千米。由于洛河流入黄河处，洛河水清，黄河水浊，两河交汇，清浊分明，异流数里，黄水中一缕清水隐约可见，因此这一区域被称为河洛汇流景区。这一带有地势险要的什谷，有伏羲八卦台和古烽火台遗址，以及隋唐时期全国最大的粮仓——兴洛仓和明代修建的莲花山兴佛寺等景观，是一处风光秀丽、历史文化深厚的风景区。

自古以来，河洛文化就是中华文化的源头。河洛文化产生和发展的核心地带就在巩义市河洛交汇处。河洛文化指的是中国古代河洛地区的文化。河洛地区指的是黄河中游潼关至郑州段的南岸，洛水、伊水及嵩山周围地区，包括颍水上游登封等地，大致为北纬34°～35°、东经110°～114°之间的地区，概言之，就是今天河南省的西部地区。

相传，这里是“河出图、洛出书、伏羲画八卦”的地方。《易经·系辞》说：“河出图，洛出书，圣人则之。”《论语》曰：“凤鸟不至，河不出图。”《竹书纪年》里讲，黄帝在河洛修坛沉璧，受龙图龟书。据史载：黄帝、帝尧、虞舜、夏禹、商汤、周成王与周公等登基时，都在此沉璧祭天。河洛地区在历史上具有极其重要的地位，吸引着历代文人墨客、社会贤达、中外游客到此怀古凭吊、赋词作诗，留下了大量的赋作和诗篇，形成了极其丰富的河洛文化。

河洛汇流处不但文化厚重，自然景观也极具魅力。乾隆年间《巩县县志》记载巩县八景中的什谷异流、洛口春游、邙岭秋风、石窟晚钟都分布在这个区域。自神都山顶远眺，河洛汇流的壮观景象一览无余，西望黄河，浊浪滔滔，水从天上来，一泻东流去；南瞻伊洛，两水清浊交汇，河洛分明。特别是伊洛河与黄河交汇处形成的一条弯弯曲曲的水线，青黄相接，迷离不定，就如八卦图中的阴阳鱼，让人浮想联翩。

• 笔架山下育诗圣 •

杜甫故里位于巩义市区东10千米的站街镇南窑湾村，背依笔架山，面临东泗河。这里嵩邙对峙，三河汇流，山清水秀，风景宜人。

故里原有杜甫祠堂，始建年代不详，清雍正五年（1727）河南府尹张汉重修并立“诗圣故里碑”一通。1962年，祠堂经过修葺，恢复了原貌，是一个坐东向西、大门朝南的长方形院落，原有宅院长20米，宽10米，小青瓦门楼，院内有东西向临街房3间，硬山式灰瓦顶，门上悬郭沫若书“杜甫故里纪念馆”匾。室内陈列有杜甫诗集珍本及后人诗配画等。东侧有房2间，北侧有一砖砌窑洞，深11米，宽2.9米，高2.7米，门额悬郭沫若书“杜甫诞生窑”匾额，洞口砖砌墙壁，前7米为明代砖砌，后13米系1955年仿明代砖砌重修。

杜甫故里

故居大路口有碑楼一座，内立清代碑刻，正面楷书“唐工部杜甫故里”，碑楼北侧嵌清代石刻一方，为《唐工部杜文贞公碑记》。

诗圣杜甫在国内受到人们千百年来的崇敬与热爱，在世界上同样受到各国人

【知识链接】 杜工部故里

清·桑调元

青山入巩洛，秀色超尘寰。
钟英产诗老，悲歌成史编。
契稷辄自许，高李空随肩。
东郊伤瘦马，西川拜杜鹃。
我行敬草树，式此南瑶湾。
呜呼斯人逝，吟者无其贤。

民的尊敬，巩义市人民也为这片土地上诞生了杜甫这样伟大的诗人而感到骄傲与自豪。已初具规模的杜甫故里景区规划面积为248 116平方米，是一处集观光浏览、朝拜纪念、文化体验、修学教育、休闲娱乐等功能于一体的文化观光型旅游景区。整个景区分入口综合接待服务区、诗圣朝拜纪念区、故乡风貌保护恢复区和杜甫文化体验浏览区等四个功能区。诗圣朝拜纪念区包括诗圣大道、诗圣广场、杜公堂、杜甫及唐代诗歌文化讲坛。故乡风貌保护恢复区包括笔架山与洗砚池、杜甫诞生窑、杜甫博物馆、杜甫上院、杜甫立像、杜氏家祠、杜甫下院、瑶池、巩梅春色、花月芳甸、淳风阁、泗河烟柳、禾黍村、杜诗碑山等。杜甫文化体验浏览区包括壮思台、壮游之路、壮游园、三友园与三友堂、百忧园、七情苑、万汇园。

杜甫故里景区已成为我们怀念这位伟大诗人的圣地，也已成为郑州旅游产业发展中的一颗璀璨明珠。

• 富甲一方——康百万庄园 •

康百万庄园位于巩义市康店镇，20世纪六七十年代，河南康百万庄园、四川刘文彩庄园、山东牟二黑庄园，被称为全国三大庄园，康百万庄园作为三大庄园之首对外开放，轰动河南，闻名全国。

“康百万”是明清以来对康应魁家族

康百万庄园

的统称，因慈禧太后的封赐而名扬天下。

康百万庄园是17～18世纪华北地区黄土高原封建堡垒式建筑的代表。它依“天人合一、师法自然”的传统文化选址，临街建楼房，靠崖筑窑洞，濒河设码头，据险垒寨墙，建成了一个各成系统、功能齐全、布局严谨、等级森严的集农、官、商为一体的大型封建地主庄园。

庄园由19部分组成，占地240余亩。现存的主要有住宅区、栈房区、作坊区、南大院、祠堂区等十大部分，包括33个庭院、53座楼房、97间平房、73孔窑洞，共571间，建筑面积64 300平方米。

庄园建筑以寨上住宅区为核心，向寨下其他区域以扇面形式展开，建成功能不同、形式各异的群体院落。深宅大院、重脊高檐、垂花门楼，间或以假山、曲廊点缀，达到移步换景的效果，庭院深深，幽雅而宁静。庭院建筑基本属于豫西地区典型的两进式四合院，具有园林、官府的一些特点，各类砖雕、木雕、石雕华丽典雅，造型优美，被誉为中原艺术的奇葩。

庄园内保留有许多集书法、雕刻、装饰、建筑艺术为一体的匾额、楹联。其中最为著名的当属中华名匾“留余”匾。“留余”匾是康家教育子弟的家训匾，它选用黄杨木雕刻而成，长1.65米，宽0.75米，为清代同治年间的翰林牛暄撰写。其内容主要叙述为人处世不要太过，要留有余地，是儒家思想才不可露尽、势不可使尽的中庸之道的具体表现，也反映了当时推崇时尚的一种心态，是典型的封建传统

庄园内景

文化的代表作。

石雕、木雕、砖雕多以人物、花草、鸟兽图案为主，有冠上加冠（官）、半夜拜师等雕刻图案，具有深刻的寓意和浓郁的生活气息。其中有石刻门枕石、王氏石雕牌坊、砖雕康霖三碑楼等艺术精品。金丝楠木木雕顶子床耗时17 000多个工时，充分运用透雕、圆雕、浮雕等艺术雕刻手法，展现了明清民间工匠们高超的技术和智慧，是雕刻艺术宝库中的瑰宝。

富丽堂皇的民俗展区是当时康家生活的真实写照。室内帷幔高挂，布置清新雅致，贵重家具、古玩字画一应俱全，显示了主人的尊贵身份与高雅品位。

康百万庄园不仅给我们提供了古代建筑的实物资料，它的砖雕、木雕、石雕艺术，备受各界朋友青睐，而且为我们昭示了“豫商”的沧桑。

• 王朝兴衰的见证——北宋皇陵 •

北宋皇陵主要分布在巩义市的西村、芝田、市区、回郭镇一带，总面积约30平方千米。

北宋九个皇帝，除徽、钦二帝被金兵俘去死于五国城（今黑龙江依兰），其余七个皇帝及宋太祖的父亲赵宏殷均葬在

永昭陵

巩义，通称“七帝八陵”，加上后妃和宗室亲王、王孙及高怀德、包拯、赵普等名臣、名将共有陵墓近千座。乾德元年（963），宋太祖赵匡胤便开始营建宋陵。前后经营达160余年之久，形成了一个规模庞大、气势雄伟的皇家陵墓群，堪称露天艺术博物馆，是研究宋代典章制度和石刻艺术十分珍贵的实物资料。

北宋各陵建置格局基本相同，方位皆坐北朝南稍偏东。每座帝陵域内有帝陵上宫，后陵上宫、下宫，陪葬墓等，最外围用树篱围绕。在陵域之内禁止采樵放牧，并有专人看守。在各座陵域之外还有一些自为茔域的亲王坟、供帝王谒拜山陵时下榻的行宫、为死者祈福的禅院、看守人住宅等。

帝陵上宫是各陵区中最主要的部分，位于陵区的南部，它以崇高的陵台为核

【知识链接】

宋陵

清·王士祯

洛水邙山饱废兴，宋家幽寝閟鱼灯。

奉香不见临安使，白日茫茫下七陵。

宋陵石刻

心，面积在5公顷左右。围墙四面设有神门及角楼。南神门外设有献殿，作为朝陵的祭奠之所。献殿旁还有一些附属小建筑。陵台之下为存放棺椁的地宫，规模宏大。在帝陵上宫以南，沿陵台和献殿的中轴线向南延伸，排列着门阙、仪仗，形成一条神道，其长约300米。

后陵上宫建制大体上与帝陵相同，只是规模较小。后陵西北即为下宫，是供奉帝后遗容、遗物和守陵、祭祀的场所。主要建筑有正殿、影殿、斋殿、浣濯院、神厨、陵使廨舍、宫人住所、库房等。

宋陵有庞大的石刻群，虽经破坏散失，至今尚有941件。每个帝陵石刻的内容都有望柱、象及驯象人、瑞禽、角端、马及控马官、羊、虎、文武臣、狮子、武士、传胪、内侍等计58件，各有象征，表示皇帝死后还要驾驭万物、主宰世界。

宋陵石狮

母亲河畔的风景

黄河——华夏文化的发祥地，伟大的母亲河，一直被当作中华民族的象征而闻名于世。其雄浑的气势，壮观的激流，使人激情澎湃，浮想联翩。在她的哺育滋润下，炎黄子孙繁衍生息，华夏文化起源发展。

在郑州市西北有一处引人入胜、闻名遐迩的风景区，她就是北临滔滔黄河，南依巍巍岳山的黄河风景名胜区，这里绿树满山，亭阁相映，山清水秀，景色宜人。

景区始建于20世纪70年代，分为中华炎黄坛、五龙峰、骆驼岭、岳山寺、星海湖五大景区，近40处景点内分布着《炎黄二帝》《哺育》《大禹》《战马嘶鸣》《黄河儿女》等塑像，黄河碑林、《西游记》等古代名著大型砖雕，浮天阁、极目阁、开襟亭、畅怀亭、依山亭、牡丹亭、河清轩、引鹭轩等亭台楼阁，以及低空索道、环山滑道、黄河气垫船等现代化游乐设施。

由于黄河在这里冲出最后一个峡口进入平原，形成悬河，所以来这里观黄河别有一番情趣。回首南望，是

楚河汉界——象棋文化的传说

黄河风景名胜区

炎黄广场

游览区的中心景区五龙峰。这里古典式亭台楼阁，错落有致地点缀在起伏的山上。登上最高处的极目阁俯瞰黄河，更能领略到 “白日依山尽，黄河入海流。欲穷千里目，更上一层楼 ”这首脍炙人口的唐诗的深刻含义。五龙峰环抱的山脚下，半山平台上，梅花形水池中矗立着高5米、重12.5吨的乳白色汉白玉《哺育》塑像，其造型是一位慈祥贤美的母亲，怀抱着酣睡的婴儿，显得格外素雅，母容子态栩栩如生，命题“哺育”象征着黄河哺育中华民族的骨肉之情。黄河似炎黄子孙共同的血液，她有着巨大的吸引力和无与伦比的凝聚力，这是一种民族感情。

射日英雄后羿的传说

屹立在五龙峰东侧的“炎黄二帝”巨型塑像，高106米，以山为体，山人合一，浑然天成。塑像左侧为炎帝，广额纯朴，

智慧慈爱；右侧为黄帝，威武刚强，气宇轩昂。炎黄广场位于塑像前，西依邙山，北临黄河，总面积15万平方米。这里已成为凝聚和团结海内外炎黄子孙、传承华夏文明、促进社会和谐进步的重要基地。

黄河是一条雄浑壮阔的自然之河，一条润泽万物的生命之河，一条亘古不息的文化之河。雄浑壮美的大河风光，源远流长的文化景观，以及地上“悬河”的起点、黄土高原的终点、黄河中下游的分界线等一系列独特的地理特征，使黄河风景名胜区成为融观光游览、科学研究、弘扬华夏文化、科普教育为一体的大河型省级风景名胜区，成为国家旅游专线——黄河之旅的龙头，每年吸引着上百万中外游客，被誉为万里黄河上一颗璀璨的明珠。

• 华美园博园 •

中国国际园林博览会（简称“园博会”）是国务院批准的国家级展会，是推动生态文明建设、实现绿色发展的生动实践，是造福于民的“绿水青山”，是利在千秋的“金山银山”。自1997年起，住房和城乡建设部先后在大连、南京、上海、广州、深圳、厦门、济南、重庆、北京、武汉等城市成功举办了10届园博会，推动

园博园掠影 马国梁 拍摄

夜色中的园博园 马国梁 拍摄

了城市生态园林绿化的发展和城市园林行业规划、建设和管理水平的提升，已累计建设公园绿地1754公顷。自第3届园博会开始，历届园博会都作为集园林文化精粹的城市公园永久保留，成为永不落幕的园博会，受到社会各界的认可和广大群众的欢迎，已成为我国城市园林绿化行业参展规模最大、最有代表性、最具国际影响力的展会。

2017年9月29日，第十一届中国（郑州）国际园林博览会在郑州开幕。本届园博会以“引领绿色发展，传承华夏文明”为主题，室外展园园博园选址在国家战略郑州航空港经济综合实验区内正在建设的生态新城里，总面积达119公顷，有74个国内城市（含港澳台地区）、18个国外城市、2个国际风景园林设计大师参建的94个展园，国内参展城市和国际参展城市数量均创历届园博会之最，意在立足中原地区深厚的历史文化底蕴，发挥郑州全国综合交通枢纽的区位优势，为地方文化、国际文化和园林文化的充分融合搭建交流的平台。

名品荟萃

——中原沃土物聚产丰

郑州上承天时之泽，下受山川之惠。得天独厚的自然环境，优越的区位和地理优势，孕育了一方物产和风味。

这里的土特产品久负盛名，其中新郑大枣、荥阳柿子、新密金银花、中牟西瓜等尤为驰名。古老的城市必有其古老而沧桑的历史文化底蕴，而百年老字号是一座城市古老而又鲜活的象征和记忆，也是一种文化的载体。蔡记蒸饺、合记烩面、葛记焖饼，并称“郑州老三记”，是郑州饮食文化的标记，也是著名的中华名吃。欲品天下美味，何需东奔西走，漫步古都郑州的街头巷尾，就足以齿颊生香。随着社会物质文化的丰富，生活品位的提高，人们开始欣赏、收藏一些极具地方特色的工艺品。晶莹剔透、雕琢生动自然的新密玉雕，刚中寓柔的少林宝剑，色彩纷呈的黄河澄泥砚等，都是极具收藏价值的郑州名品。

郑州烩面

郑州烩面是一种集荤、素、汤、菜、饭于一体的传统风味小吃。

烩面被郑州人视为美食，百吃不厌。亲朋好友来到郑州，要盛情招待必去吃一顿烩面，而且理由充足——不吃烩面，就等于白来郑州！足可见烩面在郑州人心目中的地位和郑州人对烩面的感情。一碗面筋汤醇、吃起来酣畅淋漓的郑州烩面，蕴含了河南人坚韧、朴实、憨厚、沉稳的性格，也蕴含了中原悠久的饮食文化。

郑州烩面产生于20世纪40年代，兴盛于20世纪80年代。改革开放使得处于交通枢纽地位的郑州流动人口大量增加，餐饮需求大增。先是老字号“合记”的羊肉烩面独领风骚，后是“萧记”的三鲜烩面异军突起并快速发展，大街小巷中大大小小的烩面馆更是如雨后春笋般成长。小到路边摊点，大到高档酒楼，不管是走卒贩夫，还是高官巨贾，无不对烩面产生浓郁的感情。烩面不仅成为郑州的餐饮标志，也成就了郑州的别味风情。

说起烩面，合记应是郑州烩面的鼻祖，其前身是开封人李绍卿1947年在郑州开设的“老乡亲饭店”，1967年起专门经营羊肉烩面，改名为“合记烩面馆”。合记烩面制作过程非常讲究，要选用上好鲜羊肉，经反复浸泡后下锅，撇出血沫，放入二十几种香料将肉煮烂，捞出晾凉，再将肉按要求切成块。另用精制面粉，兑入适量盐碱和成软面，经反复揉搓，使其筋

萧记三鲜烩面

合记烩面

韧，用擀面杖擀成大片待用。下面时，锅内放原汁肉汤，将面拉成薄条入锅，放上羊肉，配以黄花菜、木耳、水粉条等。烩熟后，再盛入蓝花白底的大瓷碗，一份地地道道的郑州烩面就宣告诞生了。上桌时外带香菜、辣椒油、糖蒜等小碟菜，其味更鲜。亲朋好友围桌而坐，边吃边聊，或细嚼慢品，或狼吞虎咽，你一定会从心底涌出对郑州风情的亲切认同感。

合记烩面数十年坚持一锅一碗，在群众中享有很高的声誉。1996年，合记烩面馆走上连锁经营发展之路，先后在郑州市区开辟了南阳路、华山路、东明路等8家连锁店，还在其他地市开设了近30家连锁企业，进入了它的全盛期。随着日益增长的物质和文化需要，为了适应客户用餐需求，合记烩面在配菜上也增添了几十个品种。1994年5月，合记烩面荣获“全国清真名牌风味食品”称号，1997年12月又摘取“中华名小吃”桂冠。

萧记烩面创业于20世纪80年代中期，创始人萧鸿河原是郑州国营长春饭店做伊府面的师傅，他从自己拿手的伊府面中找到了灵感，将山珍海味（海参、鱿鱼、猴头菇）烩入面中，再加三道高汤（鸡汤、骨汤、羊肉汤），以滋养不过补、味美不过鲜、油香不过腻的三大特点，首创了“三鲜烩面”。

到了20世纪90年代中期，惠丰源烩面馆在经七路上开业。明亮的店堂、豪华的装修、品种丰富的小菜，一出手就显得颇有气势。其烩面与众不同的是在汤中加入了滋补的中草药，烩面做得地道——面筋，肉多，汤浓，味美。

据了解，目前郑州市仅标有“烩面”字样的饭店，就有4600多家。在郑州的大街小巷内，萧记、冯记、闪记、刘记、周记、黎记、丁记等以姓氏为名的烩面馆不计其数。随着人们生活水平的提高，消费心理与习惯的变化，消费环境的改变和消费档次的提升，郑州烩面形成了高、中、低不同的消费档次。

郑州是一座包容的城市，就像郑州烩面一样，兼容了山西的刀削面、兰州的拉面和陕西的羊肉泡馍等各地饭菜之长而自成一体，充分体现了郑州人的高明之处。

每个人解读城市都有自己的方式。有人眼里的郑州是一座塔，有人眼里的郑州是一条河，有人眼里的郑州是一座火车站，但当您来到郑州，吃过分量十足、香气四溢的郑州烩面，看到大街小巷里门面或大或小、装修或豪华或简朴，却都生意红火、食客盈门的烩面馆时，才能体会到郑州其实也是一座“烩面城”。

新郑大枣

新郑是大枣的故乡，大枣是新郑的象征。

新郑大枣以其皮薄、肉厚、核小、味甜备受人们青睐，成为枣类中的佼佼者，素有“灵宝苹果潼关梨，新郑大枣甜似蜜”的说法。

现代科学研究表明，新郑大枣含有人体必需的18种氨基酸，内含蛋白质、脂肪、糖类、有机酸和磷、钙、铁及维生素B、维生素C、维生素P等物质，是天然的维生素果实，营养价值极高。“一日吃仨枣，容颜不显老”，就是大枣健康养颜的真实写照。邓小平同志出访日本时，曾专门将新郑鸡心枣作为礼物馈赠日本天皇。

新郑大枣历史悠久，在新郑裴李岗文化遗址出土的碳化枣核证明，新郑枣栽培史已有8000多年。春秋时曾有“桃枣荫于街”一说。在新郑民间发现的汉代铜镜上就刻有“上有仙人不知老，渴饮礼泉饥食枣”的诗句。到了明代，新郑枣树种植已形成相当规模，明代十大才子之一的高启留下了“霜天有枣收几斛，剥食可当江南粳”的诗句。

新郑大枣

改革开放以来，新郑市委、市政府对发展大枣产业尤为重视，发展更趋区域化、规模化、科学化，枣树面积已发展到15万亩，品种达30余个，除灰枣和鸡心枣这两个优良品种外，还有六月鲜、九月青、结不俗、酥枣及反季节的雪枣、冬枣等优良品种，年产红枣3000万千克。新郑被国家林业局命名为“中国红枣之乡”。

新郑市目前已初步形成全国枣产品集散地，依托品牌效应，每年还吸引全国其他产枣区约1000万千克的大枣在新郑流通。开发的大枣制品远销世界各地，年平均出口量达600万千克。目前，全市从事大枣加工的企业达280余家，并形成了以大枣生产加工为主的好想你枣业股份有限公司、顶真食品公司、大红袍集团、郑韩香精厂等4个规模较大的龙头企业，开发大枣产品12个系列80多个品种，年加工大枣1170万千克，其中烟用红枣精、大枣浸膏、枣王酒、香酥焦枣、人参蜜枣、枣莲王饮料、好想你枣片等产品畅销全国14个省区和东南亚地区。

• 中牟西瓜 •

中牟西瓜外观好、瓤色正、味道甜美、果汁丰富，享有“籽如宝石瓤如蜜，中牟西瓜甜到皮”“凉争冰雪甜争蜜，香拂笑语牙水生”的美称。

西瓜营养丰富，现代营养学发现：西瓜不含脂肪，含糖类、蛋白质、游离氨基酸、苹果酸、粗纤维、胡萝卜素、维生素B1、维生素B2、尼克酸、维生素C、钙、磷、铁等成分。

中牟具有良好的自然条件和悠久的西瓜种植传统。产量曾占全国西瓜早熟品种50%的郑杂5号、闻名全国的无籽黑蜜系列、蜜玉系列、郑抗系列等优质西瓜品种，都是在中牟这方沃土中得到成功培育并加以推广的。中牟是闻名全国的西瓜生产基地。

中牟西瓜

尤其是近年来，中牟县委、县政府大力推进西瓜产业化经营，西瓜种植效益稳步提高；广大瓜农广泛应用综合防治技术，使用绿色有机肥料，推广标准化生产，促使西瓜品质进一步改善；同时，积极推进西瓜品种结构和种植模式调整，2004年以来，中牟西瓜连续两届获得“河南省名牌农产品”称号，2006年注册的“五洲绿源”无公害西瓜品牌，进一步提高了中牟西瓜的知名度，增强了市场竞争力。2008年，全县西瓜种植面积12万亩，预计总产量达28万吨，是中原地区最大的国家级标准化、无公害、早熟西瓜种植示范基地。

随着人们生活水平的提高，物质文化的丰富，为适应

中牟西瓜的传说

人们追求生活高质量、多样化的需求，中牟西瓜由过去比较单一的郑抗系列调整到黑蜜、京欣、新欣、郑抗、汴杂5个系列近20个品种，并先后培育出了袖珍西瓜、方形西瓜、富硒西瓜、祝福西瓜、贺寿西瓜和在大棚里吊着长的精品西瓜等特色品种。

• 中牟大蒜 •

中牟以大蒜种植面积大、产量高、品质优、销路广饮誉海内外，素有“蒜乡”之称。

中牟大蒜具有蒜头大、瓣匀、皮白、味鲜、弹性好的特点。大蒜营养丰富，不仅是上乘的调味品，也是很好的食用品，而且有较高的药用价值。经科学分析，大蒜中含有的大蒜素具有强烈的杀菌作用，被人们称为“土生土长的抗生素”。大蒜还能降低血液内脂肪沉积，防止血管阻塞，可用于防治心脏冠状动脉栓塞。

中牟大蒜种植悠久，据史载可追溯至公元前113年。中牟地区土壤中富含钙、磷、铁等物质，极适宜大蒜生长。目前，全县20个乡镇，每个乡镇都有大蒜种植，种植面积达38万亩，年产量达46万吨。其蒜头直径一般为5.5～6厘米，特大蒜头接近9厘米。品种有紫皮本地蒜、苏联大白

【知识链接】

中牟大蒜的传说

很久很久以前，在河南登封有一座竹林寺，寺中有个小和尚，名叫龙啻，后来因静心修炼而升天，玉皇大帝命他看管御花园。有一天，龙啻到瑶池去玩，看到金花仙姑在采蒜果，龙啻看到此花金光灿灿，香味迷人，就请求仙姑给他几瓣，拿回去种在御花园里。仙姑不允，龙啻就偷拿几瓣而去。他刚出瑶池，突然听到仙姑的哭声。回头一看，原来是王母来查花，发现蒜果上缺了几瓣，王母以为他俩私通，违犯天规，拿起拐杖就痛打仙姑。龙啻见此种情况，马上回去跪下，说是自己的不对。王母见了龙啻更是气上加气，又打龙啻。在混乱之中，不知谁踢翻了蒜果花篮，蒜果一下子全部落到牟山上，摔碎入土。王母一看，蒜果不见了，更是火冒三丈，就命人将龙啻和金花仙姑赶出南天门，落入凡间。他俩到牟山寻到蒜果，种在牟山下，使蒜果在土中生长起来。从此，大蒜就在中牟大地种开了。

中牟大蒜

蒜、仓山白、蒜苗蒜、早熟蒜等。中牟是全国闻名的大蒜生产基地之一。

近年来，随着地膜覆盖、异地选种、适期早种、后期科学管理等技术的全面推广，大蒜产量和品质得到不断提高，同时也带动了中牟经济的迅猛发展。中牟人围绕大蒜的食用价值和药用价值开发项目，对大蒜进行深加工，建设了有足够贮量的保鲜设施和多家大蒜制品公司，常年经销鲜蒜、蒜干、蒜粉、蒜油等。随着社会的发展，信息的高速化，实现资源就地转化增值也越来越成为社会各界的共识。中牟县委、县政府在市场管理、交通运输，特别是大蒜等农副产品深加工方面，制定了一系列优惠政策，鼓励和支持大蒜加工业的发展。

1984年，由河南省科学院生物研究所与中牟县外贸公司联合培育的中牟大白蒜开始大面积推广。自1991年以来，内销和外贸出口每年均在10万吨以上，远销韩国、日本、美国、西欧、东南亚等国家和地区，出口量居全国第一。中牟大白蒜通过中国国家地理标志产品保护认证，并获得“河南省名牌农产品”称号。

• 荥阳柿子 •

荥阳柿树种植历史悠久，据史载，有2000多年的栽培历史。柿子品种繁多，其果肉金黄、透亮柔软、含糖量高、鲜嫩脆甜，享有“荥阳柿子甲天下”之誉。

荥阳柿树栽植广，品种多，而且产量高，主要产于荥阳市南部山岭区的贾峪、崔庙、乔楼、刘河、庙子、高山、汜水等八个乡镇，有水柿、灰柿、八月黄、猪皮柿等品种。

柿树浑身是宝。树干木质坚硬，木纹细腻，是制作家具、器械、文具和工艺品的上好材料。树叶可做家畜饲料。嫩树叶具有稳定血压、清血、软化血管和消炎作用，制成柿叶茶长期饮用，可滋润皮肤，

柿霜

安眠消肿。柿蒂对呃逆、夜尿症有一定疗效。柿果中含丰富的胡萝卜素、维生素C、葡萄糖、淀粉、蛋白质、脂肪等，还有钙、磷、钾等多种元素。其中，维生素C及糖分含量比一般水果高1～2倍。柿子成熟后，存放数天软化糖化，称作“烘柿”，食之凉甜可口。

用柿饼霜为唯一原料制成的霜糖（又称霜糖饼），是荥阳的传统特产。其性凉，味道凉甜，含双糖、甘露醇等成分，有祛热、消炎、润肺、生津的作用，对舌干、咽喉痛、口舌生疮等尤有特效。霜糖做工精细，上等霜糖呈棕黄色，每斤60片，片中心稍凸，呈鳖子面形，无杂质，轻压一下即可碎开。

长期以来，荥阳柿品一直畅销全国，供不应求。目前，荥阳除拥有柿霜饼专有生产技术和产品外，还开发有柿饼、柿脯、柿霜糖、柿蜜酒、柿子醋等，其产品畅销国内并出口至日本及东南亚许多国家。

蔡记蒸饺

蔡记蒸饺的创始人是新乡市长垣县的蔡士俊。蔡士俊早年凭着自己的一手厨艺绝活，进入北京皇宫里帮厨，辛亥革命之后，蔡士俊流落于北京街头，为了养家糊口，在朋友的帮助下，在北京前门外开了一个“蔡记馄饨馆”，卖蒸饺和鸡丝馄饨。时局的变迁，使蔡士俊携家眷辗转来到郑州，在郑州的西二街（今郑州大商新玛特金博大店西侧）开了一个馄饨馆。1992年扩大经营，迁至德化街100号（今二七纪念塔旁边）。蔡士俊为人厚道，在那时他的大名在郑州几乎家喻户晓。蔡记蒸饺正是靠着诚实、守信、为民、便民，一步步壮大到今天，成为郑州风味小吃的一大特色，更成为河南饮食文化中的一个标志性符号。

如果从老蔡家1912年在北京经营算起，已有百年的历史了。这个百年老店历经沧桑变迁、常盛不衰，靠的是诚实做人和诚信经营。如今的“京都老蔡记”是越办越红火，在经三路、城东路、人民路等地发展连锁店数家。《大河报》曾做过长篇报道，将老蔡记视为河南厚重饮食文化的一个重要象征。

用如今蔡记的掌门人蔡和顺的话说：“我们蔡记常盛不衰的真正秘诀就是‘物美价廉、诚信经营、童叟无欺，真正视顾客为上帝’！”

蔡记蒸饺制作颇为讲究，肉馅选用新鲜猪肉，其比例为瘦二肥一，手工剁碎，按一定比例加入姜末、酱油、料酒、精盐等各种调料，将面团反复揉搓使其筋道，再擀成薄皮，装馅提成柳叶褶，使蒸饺形为弯月，所以蔡记蒸饺具有皮薄微黄、色泽光亮、馅饱透明、造型美观、灌汤流油的特点。与蔡记蒸饺相配套的是老蔡记的鸡丝馄饨。蔡记馄饨香在汤上，其汤是用老母鸡加猪腿骨熬出来的，鲜而不腻，并保证汤水始终如一。由于几十年如一日，坚持传统操作规程，群众对其质量有“出门百步外，余香留口中”之赞誉。

“蔡记蒸饺”曾荣获商业部“金鼎”奖桂冠，被中国烹饪协会认定为“中华名小吃”，在第四届全国烹饪大赛套餐比赛中荣获金牌。目前，蔡记蒸饺又研制开发出了虾仁、姜汁、芹香等品种的蒸饺，形成独具一格的“蔡记蒸饺宴”。

• 葛记焖饼 •

葛记焖饼是“京都老号”葛记坛子肉焖饼馆独家经营的一种风味食品。

据《郑州饮食行业志》记载，葛记焖饼馆的创业人葛明惠先生是清朝满族镶

葛记焖饼

黄旗人，生于1882年，10岁进北京王府做事。他勤快好学，闲时常到王府膳食房帮厨，熟谙烹调技艺。当时，王府中有一种主食叫千层饼，还有一种菜肴名叫坛子肉。有一天，王爷回到府中，感到腹中饥饿，葛明惠便用坛子肉为王爷焖了一盘饼，又用榨菜、芫荽沏了一碗汤，饼软肉香，清汤爽口，王爷大加赞赏。民国初年，战乱纷纷，葛明惠携两子来河南谋生。危难中想起被王爷赞赏过的坛子肉焖饼，于是，经朋友帮忙在郑州火车站附近开了“坛子肉焖饼馆”，经多年苦心经营，遂使葛记焖饼成为闻名遐迩的风味小吃。

葛记坛子肉焖饼是用饼和特制的坛子肉加青菜焖制而成。其饼是用软面烙成千层饼，放凉后切成帘子棍形备用。坛子肉选用带皮五花猪肉，将其切成2厘米见方的肉块，先放入锅内添水煮开，撇去浮沫杂质，捞出肉装入坛内，下足八大料，外加香腐乳，倒入肉汤封口，大火烧开后，改用文火慢炖，炖到烂熟。开坛时浓香四溢，过往行人闻香止步，素有“开坛香”之美誉。焖饼时，锅内用青菜铺底，放上饼条和坛子肉，加高汤稍焖即成。其肉香味醇厚，肥而不腻，其饼柔软适口，老少皆宜。焖饼时配菜除用绿豆芽外，更多是用四季鲜菜，如蒜薹、小白菜、四季梅等。焖饼用的汤，除猪肉汤外，还用鸡汤、鸭骨汤。因此焖出的饼软香不腻，鲜美爽口。

葛记焖饼馆经过几十年的经营，先后在一马路、乔家门、敦睦路、德化街、西太康路、大同路设点经营。1995年，葛记焖饼在郑州第四届美食月中荣获“中原名吃”之称号，1997年摘取“中华名小吃”桂冠。

黄河鲤鱼

黄河鲤鱼与太湖银鱼、松江鲈鱼、长江鲥鱼并称中国四大名鱼。黄河郑州地段为黄河中下游分界河段，这里地势平坦，河槽宽阔，流速趋缓，沉积物质丰富，适宜鲤鱼生长。所产黄河鲤鱼，古为“郑州一绝”。

黄河鲤鱼以眼似珍珠、金鳞赤鳍、体形俊长的优美形态驰名中外，素有“诸鱼之长”“鱼中之王”“吉祥鱼”的美称。头上两条触须，形似美髯，飘洒俊逸，格外惹人注目，故而又被称之为“黄河金丝鲤鱼”。自明代以来，黄河鲤鱼就被列为贡品。

黄河鲤鱼

黄河鲤鱼肉质细嫩鲜美，刺少肉多，风味独特，无腥味，营养丰富，含有多种人体必需的营养成分，尤以500克左右的鲤鱼为最佳。鲤鱼能供给人体优良的蛋白质，其蛋白质的利用率高达90%以上。且鱼肉松软，易于消化吸收和利用。自古就有“岂其食鱼，必河之鲤”之说。

鲤鱼是我国劳动人民和医药学家发现较早的药用食品之一。我国第一部医药学专著《神农本草经》曾推崇鲤鱼为上品；南期齐梁时医学大师陶弘景誉鲤鱼为“诸鱼之长，食品上味”；明代著名医药学家李时珍在《本草纲目》中说，鲤，具有养肝、补肾、养血、益气、安胎、下乳之功能。鲤，其功长于利小便，故能消肿胀、黄疸、脚气、喘咳、湿热病。烧之则从火化，故能发散风寒，平肺通气，解肠及肿毒之邪。

【知识链接】

鲤鱼跳龙门

很早以前，龙门还未被凿开，伊水流到这里被龙门山挡住了，就在山南积聚了一个大湖。

居住在黄河里的鲤鱼听说龙门风光好，都想去那里观光。它们历尽坎坷，来到龙门，但龙门山上无水路，上不去，它们只好聚在龙门的北山脚下。其中一条大红鲤鱼在半里外就使出全身力量，像离弦的箭，纵身一跃，跳到半天云里，带动着空中的云和雨往前走。一团天火从身后追来，烧掉了它的尾巴。它忍着疼痛，继续朝前飞跃，终于越过龙门山，落到山南的湖水中，一眨眼就变成了一条巨龙。山北的鲤鱼们见此情景，一个个被吓得缩在一块，不敢再去冒这个险了。这时，忽见天上降下一条巨龙说："不要怕，我就是你们的伙伴大红鲤鱼，因为我跳过了龙门，就变成了龙，你们也要勇敢地跳呀！"鲤鱼们听了这些话，受到鼓舞，开始一个个挨着跳龙门山。可是除了个别的跳过去化为龙以外，大多数都过不去。凡是跳不过去，从空中摔下来的，额头上就落一个黑疤。直到今天，这个黑疤还长在黄河鲤鱼的额头上呢。

• 郑州樱桃 •

郑州樱桃个大、皮薄、核小、肉厚、口味甘甜微酸，是樱桃中的上品，1999年12月被评为郑州市十大历史名产。

樱桃又名"朱樱""莺桃"，因其形状似桃、颗如璎珠而得名。我国栽种樱桃已有3000多年的历史。《礼记 · 月令》一书中就有仲夏之月"羞以含桃先荐寝庙"的记载。樱桃营养价值很高，含有蛋白质、脂肪、糖及钙、磷、铁和多种维生素。

郑州樱桃盛产于郑州市二七区侯寨乡的樱桃沟，其3月中旬开花，5月上旬成熟。人们常说："樱桃好吃树难栽"，而樱桃沟地势低，气候湿润，温度适宜，很适合樱桃树的生长。这里的樱桃不仅成熟

郑州樱桃

早、产量高，而且味道鲜美、色泽光洁、悦人心目。

如今郑州的新郑、登封、中牟、惠济等地均栽培樱桃。其中侯寨乡所辖的樱桃沟、上李河、大路西、黄龙岗、桐树洼村的沟沟坳坳里长满了樱桃树，据说这些地方已有二三百年的种植历史，所产樱桃在郑州很有名气，尤以樱桃沟的樱桃声誉最高，闻名遐迩。

近年来，为调整林业产业结构，促进广大林农增产增收，二七区人民政府新发展红灯、红艳、大紫、拉宾斯、先锋等大樱桃1200余亩，生态区种植面积达4000余亩，培育新品种达20多个，并已成功举办了多届樱桃节，提高了樱桃的知名度和美誉度。

• 密银花 •

银花，亦称二花，属半常绿多年生缠绕灌木，夏季开花，如唇形，成对生，故称二花。花初白后黄、黄白相映，又名金银花。主要产于新密市五指岭山区，包括新密市的尖山、米村、袁庄、牛店、岳村等乡镇，登封市的唐庄乡，巩义市的新中镇、核桃园镇。尤以新密五指岭所产品质最佳，故称为“密银花”，素有“五指岭金针”之誉。

密银花

1980年，国家医药管理总局召开的鉴评会认为“密银花味浓清香为全国之冠”，并给密银花制定了全国唯一的银花药材商品特级价格，在广交会上以“正品金银花”展销，信誉甚高。密银花是1984年国家医药管理总局明确的35种名贵中药材之一，是新密市著名的土特产品。

新密栽培银花历史悠久，早在500多年前已享有盛誉。明代李时珍在《本草纲目》中提到“银花出密县五指岭下”。五指岭一带山峦起伏、沟壑纵横，海拔高度多在800米上下，地理气候特殊，昼夜温差大，而土质又多为重黏土和红黏土，极

【知识链接】 金银花的传说

传说有一年民间瘟疫大发，尸体遍野。好心的老中医金老汉带着女儿银花，为民采药解邪热、除瘟病。行至山涧，银花被瘟神抢去。一位叫忍冬的小伙子救出银花后，他们一起到蓬莱请药王。由于瘟神紧追不舍，忍冬为掩护银花自己却被瘟神抓住，并被投进深潭淹死，尸体却直立而不下沉。银花请来了药王，降伏了瘟神，可是忍冬已死，银花禁不住悲痛万分，就一头碰死在忍冬的坟前。人们把他们的尸体合葬在一起，后来整个五指岭上满山遍野都开满了金灿灿、银闪闪的金藤花，凡是患病之人喝了金藤花茶，立刻痊愈。

药王说："这些花是银花姑娘和忍冬的化身！"说着，他倒上一杯水，把两朵金花藤放在杯内，只见那两朵花在水中摇晃不定。药王念了几句箴言，杯中的花朵立刻安定了，眼看花朵就要下沉。药王说："为百姓捐躯，高风亮节，溺水而不沉，应为汝花之气节。"从此，密县五指岭一带所产的金银花多立于水中，正所谓"不饮花不倒"。

适宜金银花的生长。每年五六月，满山遍野、郁郁葱葱的金银花，伴随着微风散发出沁人心脾的芳香，令人如痴如醉。密银花以其花条长、质地纯、色泽佳、骨茬硬，特别是泡茶"不饮花不倒"而独具一格。

密银花不仅是茶坛名品，更主要的是它有很高的药用价值。银花花蕾（二花）、叶、藤含有环己六醇草黄素，皂甙、鞣质等，是较好的抗菌良药，特别是对绿脓杆菌、肺炎双球菌有较强的抵抗能力。其叶外敷能治刀伤，藤治疗痛肿疮毒效果也甚佳。作为饮料，泡茶常饮，也能滋补肺脾，延年益寿。密银花色泽纯净，清香味浓，药效高居于全国银花之首。被国内外医药界赞誉为"河南花""密银花"。

密银花生长在海拔800米上下的山坡、丘陵之上，叶液孕蕾长达8个月，吸吮了多种矿物质，所以它具有较强的抗菌作用。李先念曾对密县银花赞许说："全国银花看河南，河南银花看密县。"由于特殊的地理气候条件，密银花品质极好，用精选的密银花泡茶，根根直立，整齐排列，清香味浓，堪称一绝。长期饮用具有防感冒、降脂减肥、延缓衰老及滋润皮肤等功效。

随着科技的发展，新密开展了对密银花生物学、栽培技术等的试验研究，并对它进行广泛种植和产业化开发。

• 新密玉雕 •

新密市丘陵连绵，山河锦绣，玉石资源丰富，是全国重要玉石产地之一，所产玉石被称为密玉。

密玉是一种比较致密的石英岩。大多因含有绿色绢云母而呈绿色，也有肉红、黑、乳白等色。红色者可能与所含的微量金红石和电气石有关，黑色则与所含的碳质物及微量铁锰高价氧化物有关。其中绿色翠透，最为珍贵，1958年被轻工业部命名为“河南翠”。

密玉在古时即被开发利用，玉雕历史悠久，在唐代曾被列为贡品。《山海经》中曾记载“黄帝密山探玉”。《黄帝内经》里也有同样的记载，由此可见密玉的开采历史久远。明末清初密县境内已经有专业的玉矿开采。开采的密玉仅制作一些简单的烟斗、鼻烟壶等手工艺品。到清朝光绪三十四年（1908），密玉的开采力度进一步加大，但由于当时工艺落后，玉材较少，密玉并没有大规模开发。如今，密玉雕刻在继承传统工艺的基础上，大胆开发创新，专业技术人员采用先进机械设备，因料施工，因材制宜，利用不同的玉料品种设计造型，雕刻的花瓶、人物、花鸟、首饰等工艺品，碧绿光润，晶莹剔透，形象逼真，栩栩如生，其中《嫦娥奔月》《二龙戏珠》《西施浣纱》等作品形态逼真，活灵活现。1960年，助泉寺玉矿曾经发现过一块高1.28米、重1.35吨的大玉，矿工们把它作为国宝，献给了国家。上海玉雕厂聘请全国6位工艺美术大师花了6个月时间雕刻出在当时震惊世界的艺术珍品——《中国健儿攀登珠穆朗玛峰》。这件玉雕上雕有49个人物形象，个个晶莹剔透，栩栩如生，被海内外人士送号“密玉王”，周恩来总理誉之为“国宝”，现保存于上海工业展览馆。

近年来分别有《炉瓶熏》《济公》《天安门蹲狮》《三个和尚抬水吃》《达摩一苇渡江》等密玉名品被载入国家1992年编写的《中国名优特新产品精选》一书。

密玉产品主要有摆件工艺品和首饰工艺品两大类，尤其以摆件工艺品最具盛名。玉雕产品先后获得国家和省、部优质奖，品种扩展到翡翠、木变石、独玉、岫玉等几十种名石精品，远销日本、英国、意大利、澳大利亚、美国、德国、加拿大及东南亚等50多个国家和地区。

登封烧饼

登封的焦盖烧饼历史悠久，其外形敦厚，表面酥脆，内层松软，吃起来焦香可口，可谓登封一绝，是登封颇具代表性的特色食品之一。

相传，当年抗金名将岳飞来到登封抗击金兵，胜利后在一家酒店里吃饭，这家的店小二对岳飞仰慕已久，不收酒饭钱，但岳飞还是如数把钱给了店小二，令他很感动。后来从京城传来岳飞被秦桧害死的噩耗，人们都痛恨秦桧，都骂他是王八。于是店小二就把面和成王八的样子，放在火上烘烤，取名“秦桧”。消息传出，许多人来买，边吃边骂秦桧。后来，“秦桧”也就变成了现在登封焦盖烧饼的模样。

登封烧饼

烧饼的制作工序比较复杂。先将发好的面加入适量碱面和干面粉和好，制成面剂子。圆揉面团时，揪下一小块蘸油、盐、五香料，然后用面团包好，再打成圆饼。用毛刷在饼面刷上一层水，扣在用面箩筛铺得非常均匀的芝麻仁上面，饼面就均匀地粘上一层芝麻仁。所用的芝麻仁则要求捡拾干净，夏天浸泡1～2个小时，冬天浸泡7～8个小时，必须用湿布盖好，以保持水分，保证其饱满。

烤饼时，先将有芝麻的一面朝上放在炉上，烙得面皮干涸出浅花为度，再翻过来烙另一面，然后起饼放入炉圈内烘烤至焦黄，焦盖会自动翘起，入口酥脆焦香。

登封焦盖烧饼是当地人一道传统美食，逢年过节或者谁家有红白喜事，人们总会买些烧饼当作礼物。随着来登封旅游的人越来越多，登封烧饼的名气也越来越大。凡来登封出差、旅游的人们吃了以后都赞叹不已，大都买几个带回去让家人或朋友品尝。

“非遗”概览

——文明激流遗奇珍

郑州是中华文明的发祥地之一，5000多年以来，一直是中华文化传承的重要地区，无论物质文化遗产还是非物质文化遗产都异常丰富，具有很高的历史价值、文化价值和艺术价值。其历史渊源、传承谱系无不闪烁着民族才智的光辉。

超化吹歌

新密南部的超化镇始建于北魏，以佛教名刹超化寺命名，超化寺则借由佛教梵语“超凡化度，脱俗绝尘”而得名。这个兼有自然之美和宗教肃穆的地方，滋养出一种流传至今的音乐——超化吹歌。

“吹歌”是一种十分古老的演奏形式，是吹奏乐和打击乐的组合，最早约起源于夏商，距今已有4000多年的历史。据当地史志记载：流传下来的超化吹歌师承唐宋时期的宫廷音乐。由于供奉着释迦牟尼真身舍利，超化寺在明代名震一时，香火旺盛。明景泰年间，一位祖籍密县的翰林告老还乡，前往超化寺参拜，将吹歌技艺传授给该寺僧人。明朝末期又由超化寺僧人传给当地百姓，从此散播民间。

中华人民共和国成立前，当地的尖山乡沙古堆村、袁庄乡姜沟村、超化乡超化村都有“吹歌社”，而最享盛名的还是超化村“吹歌社”。吹歌队由14或16人组成，是一个不折不扣的交响乐队：两管，四笙，两笛，两箫，韵鼓、锣、木鱼、云锣各一，大铙、小铙、钹、手钹、镲各一对。以管子为主旋律合奏。管子是主要乐器，管柱用纯黄铜精铸而成，哨片特选山涧溪地多年生芦苇制作，被专家称为“古代中国民族乐器活化石”，演奏靠气流控制。吹歌队所用乐器均系祖传。超化吹歌口授心传，念的曲谱还是中国古代特有的工尺谱，演奏风格质朴、明快、高雅，曲牌有30余首，演奏过程中以组曲形式任意反复。

超化吹歌行规很严，为了保持音乐的高雅，从不参与婚丧嫁娶服务或商业演出，只用于拜会朋友、祭祀典礼、庙会和娱乐。

吹歌难学，一是在于一直沿袭的古老的工尺谱。工尺谱的识谱，对现在的人来说就是一个难题。吹歌的曲牌和乐段，一直是师徒相传，没有文字记录。二是主乐器管子要求的经验式技巧比较复杂。三是因为无利可图，愿意学习的人很少。

2008年3月，超化吹歌被国务院公布为第二批国家级非物质文化遗产项目。

• 苌家拳 •

苌家拳是中国武术一个重要流派，一向与少林、太极并称中州武术三鼎足，是中华武术中的瑰宝。苌家拳曾传播极广，而其重点区域在荥阳、巩义、新密、郑州、开封一带，核心区域则是荥阳市王村镇后新庄周边。

苌家拳创立于清朝乾隆年间。创始人苌乃周，字洛臣，号纯诚，汜水苌村（今荥阳王村镇苌村）人，出身书香世家。苌乃周“成童嗜武”，师从禹让学禹氏枪法，后受洛阳闫圣道指点，得四川梁道传授。苌乃周潜心《周易》，洞彻阴阳起伏之理，集易理、医理、拳理之大成，熔内气、外形、技法于一体，创苌家拳派于世。

苌家拳的理论集为《中气论》，这是苌家拳的核心理论，是指导苌家拳械的纲领。其中练气之术，纵横开阖之妙，均发前人所未发。苌家拳的套路有拳、棒、剑、刀、枪、鞭、镰、弹（弓）等数十种，皆有图有批，注解详明。

河南巡抚徐绩称苌乃周为“盖世英雄”，荥柱赠匾曰“名齐俊及”。学使庄方耕称其为“两河杰士”。武术理论家葛廷贵先生称苌乃周为“中国武术史上旷古罕见之通才”。著名武术史家习云太先生称“苌家拳是中国武术百花园中一枝艳丽的奇葩”。民国河南国术馆馆长陈泮岭称苌家拳为“大中至正之学，诚国术之圭臬也”。

苌家拳博大精深，理论资料和拳谱资料流传至今，名手辈出。除荥阳外，苌家拳传人遍布郑州、开封、安阳、巩义、新密等地，国内山西、陕西、福建、香港、台湾等地，以及美国也有苌家拳流传。近几年，不断有苌家拳传人和武术爱好者来荥阳寻根问祖，切磋交流。

近年来，苌家拳开始开馆授徒，面向国内外武术爱好者开放。荥阳市有关方面也做出了相当多的努力，出版了《苌家拳》一书，并在全市6万中小学生中普及苌家拳。苌家拳这条流淌了数百年的武术文化之河，必将穿越时空阻隔，再现传统的光辉。

2008年3月，苌家拳被国务院公布为第二批国家级非物质文化遗产项目。

小相狮舞

郑州巩义市小相村小相狮舞，是河南乃至中国具有古老传统的特色文化。

清嘉庆年间，霍乱突起，民间认为是妖鬼作祟，小相人就用狮舞驱病避邪。霍乱过后，小相狮舞保留下来，成为年节庙会一项热闹的娱乐活动。

渐渐地，小相人不再满足于“地摊”狮舞的单刀、双刀、哨子棍、九节鞭等，而是在此基础上创出了“高台”和“上老杆”。所谓“高台”就是两张板凳一层，层层上摞，能摞到12层，最高一层是3张板凳，每层都有4人“捉板凳”，先是一个狮子舞，后来成了双狮舞，有“板凳架”“踩独绳”等。每个套路都有固定动作，那一招一式令观者惊叹不已。

“上老杆”是高空狮艺的绝技表演，即竖起一根3丈来高的独杆，在杆的四个方向分别扯紧4根粗缆绳，“老杆”顶端放一椅子或板凳，狮子沿粗绳爬上杆顶，舞几个套路，然后顺绳爬下。后来，在“老杆”顶端搭起十字架，用八根绳子扯牢。由原来上一架狮子变为上五架狮子，其中四角四架，中间一架，取名“五子登科”。表演时小狮子时而上下蹦跳，时而

小相狮舞——上老杆

空中翻腾，场面令观众紧张万分。最后杆顶的五头狮子相互嬉戏打闹，令现场气氛达到高潮。

1968年，小相狮舞被邀请到登封演出，竖起“老杆”表演“五子登科”，容纳四五万人的广场挤得水泄不通。1992年，由中学生表演的“小狮子”在郑州市首届青少年艺术节上荣获一等奖。1999年澳门回归，小相狮舞艺人赴澳门参加庆祝活动，在狮舞大赛中摘得桂冠。

小相狮舞还有一个美丽的传说。相传玉皇大帝印玺上的小狮子修炼成仙，下凡降落在嵩岳凤凰山脚下，狮仙在这一带除妖镇宅，造福百姓，受众人拥戴，后被玉皇大帝发现并收回天宫，狮皮存留人间。人们想念狮仙时用狮皮玩一玩，这样还可避邪造福、人财兴旺，所以流传至今。现在的小相村，还存有狮仙台、狮仙庙遗址。

2008年3月，小相狮舞被国务院公布为第二批国家级非物质文化遗产项目。

• 黄帝的传说 •

相传，远古时代在今新郑的轩辕丘有个部落，君主为少典氏。他是伏羲帝和女娲帝直系的第七十七帝，夫人有二，次妃叫附宝。

有一天晚上，当附宝走到今新郑市区的西北方时，突然有一道电光绕北斗星闪过，便有感而孕。过了一段时间，附宝在一个叫做轩辕丘的地方生下一个男孩，就是后来的轩辕黄帝。黄帝诞生那天，天空祥云缭绕，两条巨龙跳跃，凤凰在空中飞舞，百鸟和群兽欢快地庆祝，草儿开始变绿，花儿也早早地开放。

黄帝小时候很聪明，长大后见识渊博，才干出众。他继承父亲少典，被拥立为有熊部落首领，因而又被称为有熊氏。他所生活的时代正是原始社会向阶级社会转变的前期，社会变革十分剧烈。当时，九黎部落的首领蚩尤暴虐无道，兼并诸侯，所以天下战乱不停，生灵涂炭。传说蚩尤有81个兄弟，个个勇敢善战、凶猛无比。作为南方部落联盟首领的炎帝想加以制止，但被打得大败。炎帝无可奈何，求助于黄帝。

黄帝联合各部落，与蚩尤战于涿鹿。

传说黄帝平时驯养了熊、罴、貔、貅、貙、虎六种动物，在打仗的时候，就把这些猛兽放出来助战（有人认为，传说中的六种野兽实际是以野兽命名的六个氏族）。蚩尤的兵士虽然勇猛，但是遇到黄帝的军队，加上这些猛兽，无法抵挡，纷纷败逃。黄帝带领士兵乘胜追杀，蚩尤大败。

黄帝在打败蚩尤后，受到许多部落的拥护，被尊为部落联盟的首领，即天下共主。炎帝虽然被蚩尤打败，实力仍相当强大。他不满黄帝成为天下共主，企图夺回失去的地位，于是发动战争。炎、黄二帝在阪泉（今河北涿鹿东南）之野进行决战。经过三场恶战，黄帝打败了炎帝，最终确立了天下共主的地位。而炎、黄两个部族也从此融合在一起。黄帝和炎帝是中华民族的共同始祖。

黄帝在位时间很久，势力强盛，政治安定，文化进步，有许多发明和制作，如文字、音乐、历数、宫室、舟车、衣裳和指南车等。传说黄帝的妻子嫘祖亲自栽桑养蚕，教民纺织，人们称她为“先蚕”。

在郑州市新郑、新密和许昌的禹州等地，留存有许多与黄帝有关的地名和传说故事。2009年6月，新郑黄帝传说被河南省人民政府公布为第二批省级非物质文化遗产项目。

• 先蚕氏嫘祖的传说 •

在郑州市新郑黄帝故里西北30余千米处，有一座浮戏山，冈峦起伏，沟壑纵横，林木葱茏，溪流清碧。因位于轩辕丘之西，又称西陵。传说轩辕黄帝的元妃（正室）嫘祖就诞生和生活在这里。

在古代，人们多以居住地为姓氏。《史记·五帝本纪》载：“黄帝居轩辕之丘，而娶于西陵之女，是为嫘祖。嫘祖为黄帝正妃，生二子，其后皆有天下。”黄帝居住在轩辕之丘，就称他为轩辕氏；而嫘祖生于西陵，则称她为西陵氏。《诗经·小雅·十月之交》：“高岸为谷，深谷为陵。”西陵应该就是轩辕之丘西部的山岭。轩辕之丘在新郑和新密的交界处，西陵当在它的西部，也就是现在荥阳的浮戏山环翠峪地区。直到如今，遗留在环翠峪一带有关嫘祖的传说和地名仍数不胜数。

嫘祖的传说

嫘
祖

环翠峪卧龙台正北、帽谷堆山西北麓的桑梓峪，是传说中嫘祖的出生地。桑梓是古代人们在住宅周围栽植的桑树和梓树。桑梓峪，谷长沟浅，两边山坡平缓，适宜桑树、梓树的生长。梓树是好木材，嫩叶可食；蚕尤喜吃桑叶。

传说有一天嫘祖上帽谷堆山西北麓的桑梓峪采野果，发现野蚕吐出的丝既细又结实，又看到蜘蛛洞旁的蜘蛛吐丝织网，受到启发，于是削木为桩，经纬织纱，试着抽丝制作衣服。经反复艰辛试验，蚕丝做成的衣服穿在身上果然比树叶兽皮轻便柔软多了。黄帝穿上嫘祖编织的绢衣，号令天下，表率百姓，并对聪敏伶俐、勤劳创新的嫘祖产生了更加依恋不舍的感情。

为了让天下人都能以衣避寒遮羞，嫘祖开始耐心教授人们养蚕缫丝，制作服装。从此，人们再也不需要在身上缠树叶遮羞、披兽皮来御寒了。人类从蒙昧向文明跨进了一大步。

嫘祖不仅教民桑蚕，而且还在嫁给黄帝为正妃后，辅佐黄帝，“旨定农桑，法制衣裳，兴嫁娶，尚礼仪，架宫室，奠国基”，被人们誉为“万民之母”。

自周代起，嫘祖就被尊奉为“先蚕”（始蚕之神），民间为了世世代代纪念嫘祖的功德，在家里的织布机上敬上嫘祖的牌位，尊称她为“蚕神”。

桑梓峪旁有一座海拔500米的险峻山梁，叫卧龙台，黄帝曾在此为治世勤学不倦。嫘祖怕他劳累过度，急切地守在半山腰的一股神泉（黄龙池）边，定时为黄帝汲取仙水解渴。后来，人们在卧龙台北坡下杨家沟中的神泉旁盖了一所庙，叫黄龙庙，就是为了彰显黄帝及嫘祖养蚕缫丝、教民制衣的历史功绩。

除此之外，浮戏山环翠峪及附近地区还有大量与嫘祖有关的地名和民间传说故事。不仅有桑梓峪，桑梓峪还有玉女（对嫘祖的神化）池、玉仙洞、绩纺台、老蚕坡、桑树湾、织机洞、纺绩岭、玉仙山、玉仙河、玉仙庙（数十座）等遗存；有轩辕黄帝年轻时到桑梓峪狩猎与嫘祖一见钟情的传说，有黄龙（黄帝的化身）为蜘蛛精蛛丝所困的传说，有嫘祖看着青虫悬空而转发明绩线的石坠的传说，等等。在轩辕时期郑州西山古城西邻不远处，即离浮戏山桑梓峪北麓不远处的青台古文化遗址，还出土了距今5000多年的古丝织品。这是世界上最早的丝织品，它们与史、志、古籍中关于西陵氏之女养蚕治丝的记载相互印证，共同见证了人文始祖可歌可泣的创世历史。

2009年6月，先蚕氏嫘祖的传说被河南省人民政府公布为第二批省级非物质文化遗产项目。

•中岳庙会•

在登封市城东4千米处，有一座古老的庙院，它就是坐落在太室山东南麓黄盖峰下的中岳庙。中岳庙四周群山环抱，景色秀丽。庙内古木参天，建筑精美，历来是帝王将相、达官显贵中原之旅必到之处。每年这里要举行两次传统的中岳庙会。庙会兴于何时，当地的老百姓也说不清楚，他们只知道是从前人那里传下的规矩。经考证，中岳庙会源于古代统治者对山岳的祭祀，宋代政道合一，中岳庙会进入鼎盛期，逐渐发展成为重要的商品交易场所。每到春季农历三月初十和秋季十月初，传统的古庙会就拉开了序幕。会期长达10天，人数最多时每天达20万人次。庙会至今仍保留着许多古老的习俗，如“拴娃娃”、拜干爹、摸铁人等。庙会上还有舞狮子、划旱船、踩高跷、舞火龙等民间艺术表演，还可见到各种纪念品、“吉祥物”，如各种长命锁、玉如意、宝葫芦、香袋、避邪剑、生肖石等。

拴娃娃 在熙熙攘攘的赶会人群之中，有一些白发苍苍的老大娘很引人注目，她们肩上和手提的篮子里分别搭满和装满一缕缕鲜艳多彩的红头绳。她们时而分散在中岳庙的大门外，时而穿梭在拥挤的人群之中。人们从她们面前走过时，总是随手递上一两角钱，接过老人手里的一缕红绳，漫步向中岳庙的纵深处走去。特别是一些年轻的妇女，她们向老人讨要红绳时，总是脸上腾起红云，羞怯地把红绳往腰间一塞，行动极为迅速，很快便隐入拥挤的人群中。原来，这是流行在当地的一种求子习俗，人们俗称为“拴娃娃”。凡婚后不孕的妇女，大多要在庙会期间参加这项活动。娃娃，是一种用黄泥捏成的泥人，捏好晒干后涂上色彩。这种泥娃娃并不是哪都可以买的，人们认为，只有从庙里道人手中拴回的娃娃才最灵验。因为娃娃需要拴回家，所以，红头绳自然而然地就承担了拴的职责。拴的地点，一般都在中岳庙后院的崇圣门周围和寝殿里。寝殿内供奉着“天中王”和“天灵妃”的塑像。“天中王”，人们称其为“嵩岳大帝”，是主管嵩山一带的大神，备受尊敬。传说有一年武则天到嵩山游玩，看嵩岳大帝独自一人非常可怜，便给他封了一个妃子叫“天灵妃”。老百姓嫌“天灵妃”拗口，都习惯称她为“嵩岳娘娘”。据说嵩岳娘娘心地善良，很同情人们的疾苦，凡没有儿女的人向她求援，她都会慷

中岳庙会

慨地满足人们的要求。求子的人在嵩岳大帝和嵩岳娘娘的塑像前燃香叩头，把红头绳递给道人。想要男孩的，需事先向道人说明。想要女孩的，也要在红头绳拴上之前，把自己的想法解释清楚。如果想要个龙凤胎，道人会把一个男孩和一个女孩背靠背地拴在一起。妇女们接过娃娃后，将娃娃揣在怀里，抱回家中，放在床头上或苇席下。不管此法是否灵验，她们抱回娃娃后，心理上或多或少地得到了一些安慰。如果如愿以偿，她们生下孩子后，还要在孩子周岁时到中岳庙里向嵩岳娘娘还愿。做了妈妈的妇女，还愿时总是出手大方。当初抱嵩岳娘娘一个娃娃，还愿时一般都要送回十个。她们认为只有这样，才能表达自己的心情，这也是对嵩岳娘娘施子之恩的一种报答。

摸铁人　在中岳庙众多的文物古迹中，站立在崇圣门东侧的四尊铁人显得特别引人注目。铁人分别立于神库四周，为镇库铁人，系宋代治平元年（1064）铸造。铁人身高三米多，握拳振臂，怒目挺胸，形象高大威武。这是我国现存形体最大、保存最好的四个“守库铁人”，人们也称它们为“镇庙铁人”。围绕着这四个铁人，当地流传许多传说和风俗。一位在登封生活多年的老人介绍说，很早以前，这铁人是八个，一边四个，分立在东、西两个神库的四周。北宋末年，金兵南侵，民族英雄岳飞率领爱国将士转战在黄河两岸。后来，抗金浪潮转移到嵩山，中岳庙的铁人摩拳擦掌，义愤填膺。一天晚上，它们乔装打扮，偷偷来到黄河岸边。谁知摆渡的小船只能坐下四个人，于是只好四个人先过，另外四个铁人在岸边等候。等摆渡的小船返回载后四个铁人时，天色已经大亮，中岳庙的道主派人找到黄河岸边，把没有过河的四个铁人强拉硬拽了回来。所以，至今站立在东边神库周围的四个铁人还是一副怒目而视、壮志未酬的神态。当地的老百姓受传说的影响，对铁人充满了崇敬之情，孩子周岁时，当地人要到中岳庙的铁人前举行挂锁仪式。挂锁前，家人把事先准备好的铜锁或银锁先挂在铁人的臂膀上，然后让孩子焚香磕头。待锁从铁人身上取下，挂到孩子的脖子上时，就意味着锁是铁人送给孩子的礼物，孩子将受到铁人的保护，以后会平安健康。除了挂锁之外，赶庙会的人来到中岳庙的铁人前，总要有目的地抚摩一阵。据说人身体的哪个部位疼痛不适，只要摸摸铁人身上与自己相同的部位，自己的病痛就会减轻甚至消除。

2007年2月，中岳庙会被河南省人民政府公布为省级非物质文化遗产项目。

• 摸摸会 •

“摸摸会”是流传在登封一带的传统民俗，会场在嵩山九龙潭。每年农历五月十四日晚，人们从十里八村赶来，通宵达旦直到第二天。

“摸摸会”，顾名思义，就是摸着黑儿赶会，源于古代男女私自相会而渐渐兴起的“夜摸会”。据当地老年人讲，相传山上的九龙潭圣母庙十分灵验，古代未婚男女纷纷来此祈求良缘，已婚男女则来求赐龙子凤女，还有一些女子婚后不孕，内心痛苦又无法言表，为了求子，便趁夜黑人静到圣母庙内，向圣母磕头焚香，诉说衷肠，祈祷生子。据说往往有求必应。这样一传十，十传百，九龙圣母成了送子观音。传说农历五月十五是九龙圣母的生日，为了感恩，她们便把这天定为还愿日，遂形成了每年一度的“摸摸会”。

每年农历五月十四，往日沉静的小山村人欢车鸣，如同闹市。当地山民临时摆上地摊，生意火爆。晚6时许，上山的人流开始源源不断，嬉笑声中，“摸摸会”在空旷的山水之间神秘上演。

九龙潭上，九龙圣母庙香火缭绕，庙内挤满了还愿的香客。庙外不大的场地上坐满了黑压压的人群，山上的免费流水席一桌挨着一桌，食物都是虔诚的香客从山下背上来免费供应的。任何人到庙里就像到家一样，尽管彼此看不清面孔，但并不影响相互交流。“摸摸会”拉近了人们的距离。赶夜会的人们摸黑吃饭聊天，听原汁原味的说书、唱曲，观善男信女的祈祷唱经。只要有足够的精力，可以欣赏各类表演活动直到天亮。每逢会日，除本地的善男信女成群结队到此焚香还愿外，周边的群众也会相聚于此，规模达上万人，其习俗一直延续至今。

关于“摸摸会”的由来，还有一个传说。相传山下康村有一位叫康凤英的姑娘，为过路的道士缝织道袍上的9个洞眼时，咽下了9根线头，从而孕育9个龙子。康凤英被百姓尊为九龙圣母，并在产子地道袍沟修建了九龙圣母庙。九龙圣母久居山洞而生九龙，人们把山洞视为母亲的化身。当地人还把形似棒槌的山峰“都督峰”视为祖先之根，因而，山峰为阳，山洞为阴，阴阳相交可产生新的生命。

嵩山“摸摸会”是人们原始生殖崇拜的体现，是中原生殖崇拜文化的原始标本，在汉族文化区域独一无二，对研究中原生殖文化具有重要价值。

如今医学发达，许多人不再靠这种方式求子了，“摸摸会”为青年男女提供了谈情说爱的好机会。近年来，“摸摸会”的规模越来越大，已演变成了走亲戚、相亲、休闲的大会，许多商人趁此兜揽生意，“摸摸会”自然也成了当地的物资交流大会。作为河南省非物质文化遗产，嵩山九龙潭“摸摸会”已扩展为一种广义上的民俗夜庙会。

2009年6月，嵩山“摸摸会”被河南省人民政府公布为省级非物质文化遗产项目。

黄河澄泥砚

黄河澄泥砚是砚中一绝，多次参加国际国内艺术博览会，受到全球艺术界、收藏界等各界人士青睐，并获得了国内外70余项荣誉。

澄泥砚始于唐代，盛于唐宋，清乾隆皇帝曾为其题砚铭曰“抚如石，呵生津”。其质坚如石，耐磨持久，泽若美玉，击若钟磬。宋代米芾盛赞澄泥砚坚实，“叩之金声，刀之不入”。古人把澄泥砚视为“陶之属”，“性坚而不燥、润笔不损毫”，因其发墨快，且不渗水。澄泥砚的颜色纯正、大方，它的“五光十色”是端砚、歙砚、洮砚等名砚所没有的。澄泥砚的色彩虽千变万化却绝无艳丽妖冶之态。澄泥砚造型生动，雕工讲究，飞禽走兽、花鸟鱼虫无不是其创作对象。

黄河澄泥砚

圆雕、浮雕、透雕、线刻技法统一运用于一方澄泥砚中，“其形小则柔美玲珑，大则敦厚气派，摹人则清秀俊雅，状物则灵动华丽”。

为使濒临失传的民族技艺重放光彩，黄河金沙泥艺术研究所所长、澄泥砚传承人王玲女士，不畏艰险，四处请教，经过千百次的探索试验，成功地解决了火候、温度等一系列难题，坚润宜墨、光溢于玉的黄河澄泥砚终于重现人间。王玲被联合国教科文组织授予“中国民间工艺美术家”称号，并三次摘得中国民间文艺“山花奖”。

澄泥砚在烧制工艺上，不同于别的陶瓷。王玲在深挖黄河古文化艺术的基础上大胆创新而不失传统，将“泥与火”凝聚成最为简洁形象的“语言”形式，由黄河走向世界，与不同地域、不同肤色、不同国度、不同民族、不同语言的人们进行更广泛的文化交流。

2007年2月，黄河澄泥砚被河南省人民政府公布为省级非物质文化遗产项目。

• 郑　风 •

《诗经》是中国第一部诗歌总集。在《诗经 · 国风》当中，若按十五国风的分类来计，《郑风》是其中存诗最多的一类，共有作品二十一首，即：《缁衣》《将仲子》《叔于田》《大叔于田》《清人》《羔裘》《遵大路》《女曰鸡鸣》《有女同车》《山有扶苏》《萚兮》《狡童》《褰裳》《丰》《东门之墠》《风雨》《子衿》《扬之水》《出其东门》《野有蔓草》《溱洧》。

这些《诗经》中最具浪漫色彩和个性解放内容的诗篇所吟咏的情景，就发生在今天郑州市的新郑、新密、荥阳、登封一带。

周宣王二十二年（前806）姬友被封于郑。郑地，原位于今陕西的华县。姬友，就是郑桓公，当犬戎攻破西周王朝时，他与周幽王同时被杀。其子郑武公与平王东迁，吞并了虢国与郐国的领土，沿袭旧号，命名新都为新郑（今新郑市）。春秋时代郑国的统治区大致包括今河南郑州的新郑、新密、荥阳、登封一带地方。“郑风”就是这个区域的诗。

郑国与东周王畿接壤，地处中原，文

化较发达。春秋之际，人民创造了一种具有地方色彩的新曲调，激越活泼，抒情细腻，较之迟缓凝重的“雅乐”，无疑是一个进步。所以当时的名人季札听了也不禁要脱口赞道：“美哉，其细也甚！”孔子责备“郑声淫”，要“放郑声”，就是害怕郑国这一“激越活泼”的新声会取代周王朝的正乐。

“郑风”中绝大部分是情诗，这虽同郑国有溱水、洧水，便于男女游览聚会有关，但更主要的是同郑国的风俗习惯密不可分。从地理位置上讲，郑国处于殷商文化的中心区域。“郑风”中的情爱诗歌显然是郑国受殷商文化浸润的结果。《史记·货殖列传》讲“郑、卫俗与赵相类”，而其记赵、中山之俗时讲，“犹有沙丘纣淫地余民，民俗懁急，仰机利而食。丈夫相聚游戏，悲歌忼慨，起则相随椎剽，休则掘冢作巧奸冶，多美物，为倡优。女子则鼓鸣瑟，跕屣，游媚贵富，入后宫，遍诸侯”。《汉书·地理志》记二国风俗时则云：“幽王败，桓公死，其子武公与平王东迁，卒定虢、会之地，右雒左泲，食溱、洧焉。土陋而险，山居谷汲，男女亟聚会，故其俗淫。”“卫地有桑间濮上之阻，男女亦亟聚会，声色生焉，故俗称郑卫之音。”在春秋战国时代，“郑卫之音”是新兴音乐的代称。《礼记·乐记》中魏文侯云：“吾端冕而听古乐，则唯恐卧，听郑卫之音则不知倦。敢问古乐之如彼，何也？新乐之如此，何也？”由“郑卫之音”这一名称，我们可以推知郑音与卫音赖以产生的共同的文化土壤，以及由此而呈现出来的基本相同的文化属性。

从《溱洧》一诗看，郑国的上巳节，实际就是一个青年男女谈情说爱的节日，相当于今天的情人节。正因为郑国保留着男女自由交往的某些古代遗风，所以也就影响了人们的思想。如郑国大臣祭仲的女儿雍姬问她的妈妈：父亲与丈夫哪个亲近些？她的妈妈答道：父亲只能有一个罢了，而丈夫却个个男人都可做。一个世家命妇居然用这种亵渎礼教的话来教育自己的女儿，郑国一般人民的男女观念，也就可想而知了。懂得了这点，再读郑风中那些大胆的情诗，也就好理解了。

“郑声”何以能够独自成为新兴音乐的代称？除了风俗以外，这与郑国商人的活跃、商业经济的繁盛，以及由此带来的都市文化的发达具有密不可分的联系。

春秋时代，农业、手工业的发展促进

了商业的兴盛，从开国之初就建立了经商传统的齐国自不待言，晋、楚等国之间的商业往来亦相当频繁。但是，在所有诸侯国中，商人在郑国所拥有的社会地位却是其他国家无法相比的。这在《左传·昭公十六年》子产对韩宣子的一段话中得到了相当突出的反映："从前我们先君桓公和商人们都是从周朝迁居出来的，共同合作清理这块土地，砍去野草杂木，一起居住在这里，世世代代都有盟誓，互相信赖。誓词说：'你不要背叛我，我不要强买你的东西，不要乞求，不要掠夺。你有赚钱的买卖和宝贵的货物，我也不加过问。'仗着这个有信用的盟誓，所以能互相支持，直到今天。"郑公室与商人盟誓以相保，郑国商人地位与势力之强由此可见。《左传》所记三起有关商人的事件皆出自郑国，而郑商人弦高以郑君的名义与秦军交涉而使其退兵一事，更集中地反映了郑国商人在社会生活中所发挥的举足轻重的作用。

郑国声乐文化的发达与郑国商业的繁荣有着千丝万缕的联系。郑国的商人"出自周"，而这些"出自周"的商人的祖先，却是在西周初年被迁至成周的殷商遗民。《尚书·酒诰》云："嗣尔股肱，纯其艺黍稷，奔走事厥考、厥长，肇牵车牛，远服贾用，孝养厥父母。"由此可知，"艺黍稷"与"牵车牛，远服贾用"是周人克商后殷商遗民被特许从事的社会活动。在丧失土地的情况下，经商成为殷商遗民最主要的谋生手段，因而也使"商人"成为经商者的代名词。失去土地与政治权利的商人虽然地位低下，但作为一个特殊的社会群体，他们依然能够承袭殷商文化重声的传统，保持其文化属性上的相对独立。这应是在商人拥有特殊地位的郑国声乐文化相对发达的一个重要原因。

当郑国的商人与政治家结盟而获得政治上的保障时，郑国的商业经济走向繁荣当是一件不容置疑的事实。而文化是否繁荣与商品经济的发展息息相关。人类社会发展的历史表明，文化的繁荣往往最直接地通过人们对声色犬马等物质享受的喜好与追求中表现出来，新声靡乐的兴盛往往是一个城市或地区经济走向繁荣时最直观的表现。

作为自由贸易的条件与结果，各种类型的"市"（"肆"）也为人们的自由交往提供了机会与场所。出现于《郑风》中的"东门"，即市民及手工业作坊集聚的东郭的正门。商业贸易的发达与郑地故

【知识链接】

溱 洧

溱与洧，方涣涣兮；士与女，方秉蕑兮。女曰：“观乎？”士曰：“既且。”“且往观乎！洧之外洵且乐。”维士与讦女，伊其相谑，赠之以勺药。

溱与洧，浏其清矣；士与女，殷其盈矣。女曰：“观乎？”士曰：“既且。”“且往观乎！洧之外洵且乐。”维士与女，伊其将谑，赠之以勺药。

有的浓郁的商文化色彩，共同促进了郑国音乐文化的发展，郑地的新兴音乐因此成为诸侯国中最为发达的一支。“男女亟聚会，故其俗淫”，声乐文化的发达不但为《郑风》作品的大量采集提供了条件，也成为“郑声”能够指代“新声靡乐”的重要原因。

• 孔子回车庙的传说 •

孔子回车庙在中牟县东漳乡（今雁鸣湖乡），初建的年代不详，清代时曾经重建此庙。据说，这是为了赞颂文圣人孔子虚心好学而建的一座庙宇，名曰“孔子回车庙”。

春秋时期，孔子带着自己的弟子周游列国，经过中牟县县城北部的南岩村，遇到了村中的顽童项橐在路上堆土筑城玩。孔子的弟子子路下了马车，让项橐为马车让路。项橐却不卑不亢地说：“世上只有车躲城，从来没有城躲车。”孔子在车里听到了项橐的话，觉得这孩子出语不凡，十分惊异，就急忙下了马车，和项橐交谈。项橐对孔子说：“你是圣人，应该无所不知，我想问你两个问题，不知你能否回答出来。”孔子说：“请讲。”项橐问：“请问孔圣人，鹅为什么鸣声洪亮？”孔子说：“鹅的脖子长，所以鸣声洪亮，声传遥远。”项橐反问道：“那么，青蛙的脖子短，鸣声却为何十分洪亮？”孔子思索了良久，无法回答。项橐又问：“世间之物，松柏为什么能够四季常青，凌冬而不凋？”孔子回答：“因为松柏树心坚实，故而四季常青，凌冬不凋。”项橐又问道：“那么，竹子内心空虚，

孔子回车庙的传说

孔子传道

为什么也能青翠于四季而不凋零？”孔子回答不出这个问题，羞愧地连连拱手说：“看来我学问还是浅薄，这个问题我不知该如何回答，还需多学呀。”于是，就让弟子回车，躲避项橐的泥筑之城。并且感慨万千地说：“项橐是我的老师呀，我需要向他虚心学习。”

后人为了纪念孔子虚心好学的精神，曾在中牟县北35里处的南岩村建了一座孔子回车庙。此庙明万历年间、清乾隆元年（1736）、民国13年（1924）都重修过，后来毁于黄河水患。中牟县文化馆还存有“孔子回车处”石碑。

• 嵩山木版年画 •

北宋末年，金兵入侵中原，都城汴京沦陷，徽、钦二帝被俘，康王赵构南迁，迫使当时在朱仙镇从事年画生产的民间艺人随迁临安。中国老百姓历来恋家念土，有的艺人不愿南漂，便逃难到登封地区，在嵩山找一处僻静之地，继续着年画的创作、生产和销售，以维持生计。嵩山木版年画就这样在北宋末年的战乱中诞生了。

嵩山木版年画是朱仙镇年画的支流和延续。但在继承和发展中，又刻上了嵩山特有的烙印。艺术的价值在于创新，任何有创造力的艺术家，都不会在前人走过的路上墨守成规、故步自封。从朱仙镇流落到嵩山的民间艺人也是如此。他们在传承的基础上大胆创新，使木版年画浸透着嵩山气息。他们走进嵩山，走进寺庙，遍览先人留下的古代石刻、壁画，借鉴汉画像砖上简练有力的线条和刀法，吸收嵩山地区民间艺术的精华，紧密结合民风民俗，创造出了既有朱仙镇特点又有嵩山地区浓厚乡土味的木版年画，备受嵩山老百姓喜爱。明嘉靖年间，年画市场日益兴旺，年画销售登封周边地区甚至更远的地方，过年时家家户户都要买几张年画贴在门上、墙上。到了清代，不少人农闲时经营年画。

嵩山木版年画构图匀称、饱满、严密，画面对称中求变化，变化中求统一。表现手法上，浪漫夸张，线条粗犷流畅，色彩以红、黄、紫、黑、绿为基调，鲜明生动，乡土气息极浓，具有民间装饰的浓郁风味。

木版年画最好的创作材料是坚实的梨木，每一刀刻下去，都需要力量和技巧、智慧和心血，“文化大革命”中，木版年画一度沉寂，近年来，年画艺人在继承前人传统的基础上，结合嵩山地区的民风民俗，大胆创新，赋予作品浓郁的时代气息。内容上不再是简单的门神，而是结合现实生活，与时俱进。一度沉寂的嵩山木版年画重新进入人们的视线，并登上高雅的艺术殿堂。

嵩山木版年画

• 古荥对花鼓 •

郑州市惠济区古荥镇的对花鼓起源于20世纪初。当时古荥镇为荥泽县县政府所在地，每条街都有一支小型鼓乐队，主要为祈雨、赶庙会活动打鼓助兴。鼓队汇集，从对阵比赛，到学习交流，最终达到融合重组，合众为一。古荥镇“对花鼓”应运而生。

对花鼓也称“鼓戏”。参加表演者一般由20人组成，每人各执一件乐器，边击边舞。乐器有大鼓、大锣、铙、马锣、镲各4面。演奏雄浑有力，恢弘大气，雅俗共赏，撼天动地。

尤其值得一提的是，对花鼓的演奏不仅具有其他鼓乐队的喜庆热烈，且富于历史文化内涵。它的每个段子都围绕一个主题，都联系着一个历史故事。各种乐器都须按鼓牌子即鼓谱击打，不能随意乱敲，因此节奏十分动听。对花鼓的表演形式分为文戏、武戏两类。表演时可以围一个圆场子，也可以边行进边打，称作路鼓。行进的步伐有前进步、后退步、横步三种，一面大鼓挂在腰间并不影响表演者轻巧的鼓步。不行走的只有站步一种。行进时一般都打文戏牌子，围圆场时多打武戏牌子。文戏有《不递照》《老常套》《四摆头》《铁曲连》4个牌子；武戏有《三请诸葛》《秦王点兵》《小虫吵嘴》《狮子滚绣球》等14个牌子。文戏与武戏的区别在于文戏表演时，演员之间不互相交槌，而武戏则互相交槌。如果不是亲临现场耳闻目睹，你很难想象出这么笨重的大鼓竟能敲出如此生动、如此丰富细腻的情节。武戏鼓牌子有《十面埋伏》《闯幽州》等，敲起来更是震撼人心，场面气势雄壮，动作刚劲有力，技巧复杂高超，让人眼花缭乱。

20世纪50年代，古荥“对花鼓”在郑州市人民公园演出，以庆祝社会主义改造的全面胜利，著名剧作家田汉先生闻讯前来观看，观后又专程到古荥采访，并记下了鼓谱，让“对花鼓”的演员们受到很大鼓舞。

近年来，古荥对花鼓多次参加省、市、区的大型活动和民间舞蹈表演，得到观众的一致好评。

城市名片

——郑州走向新世纪的文化标杆

如果说，一个个体通常会有一张名片的话，那么一座城市，尤其那种在历史和现实中扮演不同身份、充满戏剧性变化但又一脉相承的城市，通常会有数张差异化名片。

郑州就是这么一座城市。中岳嵩山代表了郑州的神奥、厚重与博大精深；3600年商都确认了郑州在中华文明发展史上的主干地位，续认了“王者之城”的大都会血统；二七名城不仅是一个政治符号或红色记忆的起点，同时也是全国举足轻重的综合交通枢纽的历史标杆；郑东新区则标志着城市建设的活力、时尚和新潮，代表了郑州并不遥远的未来和看得见的目标：现代化、国际化、信息化和生态型、创新型城市远景。

有人说，郑州是一个谜，你永远猜不出它那深邃的内核还收藏着多少未知的发现；你也难以想象，它那神圣的山河与平原还隐匿着多少秀美与神秘；你更难以穷尽关于这个商都的全部知识体系，它在向历史纵深探掘的同时，向前方的步幅也是那么优美和流畅。

这就是郑州，我们身边的城市，我们向往的未来！它的名片还有很多，也许其中若干张需要你来参与设计，那一定会更具个性！

嵩山雪景

嵩山

• 中岳嵩山 •

从郑州市区驶入郑少高速公路，只需半个多小时车程，就来到了世界地质公园、国家森林公园、黄河流域与淮河流域分水岭，同时也是儒教、佛教、道教荟萃之地的中华文化圣山——嵩山。

自然概况

36亿年前，当地球的东半部还是一片汪洋大海时，一块满载神秘信息的陆核悄然崛起在大洋之上，率先成为亚洲最古老的陆块。它先后经历了“嵩阳运动”“中岳运动”“少林运动”“燕山运动”等几次大的地壳运动，逐渐形成了横卧东西、雄峙中原的雄伟山脉——嵩山。嵩山堪称“万山之祖”，太古宙、元古宙、古生代、中生代、新生代的地层和岩石均有出露，构成了中国最古老的岩系——“登封杂岩”，被地质学界称为完整记录地球演化史的“五世同堂”。这里发现了海象生物化石、陆象生物化石及古脊椎动物化石等多种古生物化石，蕴藏了煤、铝、铁、麦饭石等40多种宝贵的矿产资源。

嵩山属于伏牛山系，环山地跨新密、登封、巩义、偃师、伊川等市（县），古名“外方”，夏商时称“嵩高”，西周时称“岳山”。周平王迁都洛阳后，定嵩山为“中岳”，与泰山、华山、恒山、衡山共称五岳。五代后称“中岳嵩山”。

1982年，嵩山被国务院批准列入第一批国家级风景名胜区。2004年被联合国教科文组织评选为“世界地质公园”。2007年，嵩山少林景区经国家旅游局正式批准为国家AAAAA级旅游景区。

嵩山世界地质公园位于登封市境内，由太室山和少室山组成，东依河南省省会郑州，西临古都洛阳，总面积450平方千米，东西绵延60余千米，最高峰海拔1512米。这里山峦叠嶂，历史上根据山峰坐落方位、形状外貌和名人遗迹等，分成太阳、少阳、明月、玉柱、万岁、凤凰、悬练、卧龙、玉镜、青童、黄盖、狮子、鸡鸣、松涛、石幔、太白、罗汉、白鹿等七十二峰。

人文胜迹

嵩山天下奥。嵩山不仅是世界上稀有的自然地质宝库，也是中华文明孕育和发展的核心，山上山下名胜古迹众多，居五岳之冠。蕴含着"三皇五帝"文化的裴李岗文化、仰韶文化、河南龙山文化、夏商周文化在嵩山及周边都有重大遗存。嵩山处处有胜迹，世代藏玄机，被誉为中华文物荟萃宝地和中国历史发展的博物馆。历代帝王将相在此封禅祭祀，唐武则天把嵩山改为神岳，封其神为天中王，封天中王之妻为天灵妃。历代文人学士、骚人墨客到此游览讲学、著书立说，高僧名士来此悟道修禅。嵩山东麓余脉始祖山是黄帝文化的中心。

大禹是夏朝的始祖，大禹治水三过其门而不入的故事至今广为流传。禹王的第一个妻子涂山氏生启于嵩山之东峰太室山，山下建有启母庙，故称之为"太室"（室，妻也）。太室山共有三十六峰，岩嶂苍翠相间，峰壁环向攒耸，恍若芙蓉之姿。主峰峻极峰，又称御碑峰，海拔1492米。《诗经·大雅·崧高》有"崧高唯岳，峻极于天"之说。登上峻极峰远眺，西有少室侍立，南有箕山面拱，前有颍水奔流，北望黄河如带，脚下峰壑开绽，大有"一览众山小"之气势。

少室山

少室山又称御寨山，位于太室山东侧。据说，夏禹王的第二个妻子、涂山氏之妹栖于此，后人于山下建少姨庙敬之，故山名谓"少室"。少室山山顶宽平如寨，分有上、下两层，有四天门之险，山势陡峭峻拔，也含有三十六峰。诸峰簇拥起伏，如旌旗环围，似剑戟罗列，颇为壮观。

嵩山是中华民族的文化圣山，有"上有七十二峰，下有七十二寺"之说，是中国古代建筑分布较为密集的地区之一，寺、庙、阙、庵、宫、观、塔、台、坛、殿、阁、坊、亭、桥等种类齐全、数量众多，绵延不断，构成了一部中原地区自秦汉至清上下两千年形象直观的建筑史，具有很高的历史、科学和艺术价值。著名古建筑有北魏嵩岳寺塔、汉代嵩山三阙、元代观星台、少林寺、中岳庙、会善寺、法王寺塔、初祖庵、嵩阳书院等，皆为中国人文风物的瑰宝。

少林寺

嵩山是佛教圣地，少林寺被称为"禅宗祖庭"，为天下第一名刹。寺旁有从唐至清代的古塔两百多座，是中国最大的塔林。

今天的少林寺不仅因其古老的佛教文

化名扬天下，更因其精湛的少林功夫而驰名中外，是全世界武林弟子向往的圣地。少林武僧团经常代表国家出访世界各地，进一步扩大了中原文化在全球的影响。

中岳庙

太室山黄盖峰下的中岳庙是嵩山现存古建筑群的杰出代表，是河南现存规模最大的寺庙建筑群，也是我国现存规模较大、较古老的道教建筑群之一。

中岳庙始建于秦代，时称“太室祠”。西汉时，汉武帝游嵩岳，中岳庙得到了较大规模的发展。中岳庙占地10万平方米，全长（进深）650米。沿青石板铺成的中轴线大道由南向北，由低而高，依次为中华门、遥参亭、天中阁、配天作镇坊、化三门、峻极门、崧高峻极坊、中岳大殿、寝殿、御书楼等，共十一进。庙的东、西两路，还分别建有太尉宫、火神宫、祖师宫、小楼宫和龙王殿等独立成体的小院落。庙内有330株古柏、100通石碑及神鼎、铁人等众多文物，被誉为“文物之乡”。

嵩阳书院

儒教圣地嵩阳书院坐落于嵩山南麓太室山脚下，最初建于北魏孝文帝太和年间，名为嵩阳寺，为佛教活动场所；隋炀帝大业年间，更名为嵩阳观，为道教活动场所。后周世宗于此设太乙书院，宋代改名为嵩阳书院，与河南应天府书院、湖南岳麓书院、江西白鹿洞书院并称我国宋代四大书院。宋代理学的“洛学”创始人程颢、程颐兄弟都曾在嵩阳书院主持讲学。程颢在嵩阳书院讲学十余年，对学生一团和气，循循善诱，学生有“如沐春风”之感。除“二程”以外，先后在嵩阳书院讲学的有范仲淹、司马光、杨时、朱熹、李纲等20多位名流巨儒。司马光的巨著《资治通鉴》一部分就是在嵩阳书院附近的崇福宫完成的。嵩阳书院曾经毁于兵燹，历经元、明、清各代重修增建，鼎盛时期，学田1750多亩，生徒达数百人，藏书达20 000多册。从五代后周到清代末年，嵩阳书院经历了近千年的讲学历史，成为中国古代教育史上一颗璀璨明珠。

周公测景台及元代观星台

嵩山东南麓10千米的登封告成镇即“阳城”，是我国最早的奴隶制王朝——夏朝的建都之地。周朝时，这里被视为天地的中心，周公姬旦在这里设立了测景台。元代，这里又成了全国天文观测中心，是我国现存最古老的天文建筑，也是世界上现存最早的观测天象的建筑之一。它反映了我国古代科学家在天文学上的卓越成就，在世界天文史、建筑史上都有很高的价值。1961年3月4日被国务院公布为第一批全国重点文物保护单位。

元世祖忽必烈统一中国后，为了恢复农牧业生产，任用著名科学家郭守敬和王恂等进行历法改革。郭守敬创制了新的天文仪器，然后组织了规模空前的天文大地测量活动，在全国27个地方建立了天文台和观测站，登封观星台就是当时的中心站。经过几年的辛勤观测推算，终于在公元1218年编制出当时世界上最先进的历法——《授时历》。《授时历》求得的回归年周期与当今世界上许多国家使用的阳历——格里高利历，一秒不差，但格里历是1528年由罗马教皇改革的历法，比《授时历》晚300年。与现代科学推算的回归年周期相比，《授时历》仅差26秒。

观星台是一座高大的青砖石结构建筑，不仅保存了我国古代圭表测影的实物，也是自周公土圭测影以来测影技术发展的高峰，它反映了我国天文科学发展的卓越成就，对于研究我国天文史和建筑史都具有很高的价值。

嵩山拥有各类文物古迹共956处。其中16处为国家级重点文物保护单位，38处为省级文物保护单位，899处属于县（市）级文物保护单位。无论从自然演化还是从人文肇始来看，嵩山都堪称华夏起源的“万山之祖”，中华民族发展的活水源头。

2010年8月1日，联合国教科文组织世界遗产委员会第34届大会审议通过，将登封“天地之中”历史建筑群列为世界文化遗产，载入《世界遗产名录》，使之成为中国的第39处世界遗产。它包括8处11项历史建筑：太室阙和中岳庙、少室阙、启母阙、嵩岳寺塔、少林寺建筑群（少林寺常住院、初祖庵、塔林）、嵩阳书院、会善寺和观星台等。创建于东汉时期的少室阙、启母阙，是中国最古老的国家级祭祀礼制建筑典范；中岳庙和太室阙，是中国古代礼制建筑格局最全面的代表；周公测景台和观星台，是中国现存最古老的天文台；嵩阳书院作为中国最早的传播儒家理学、祭祀儒家圣贤和举行考试的书院，是已经消失了的书院文化的载体；嵩岳寺塔、少林寺建筑群和会善寺，是不同时期佛教在中国发展的纪念碑，千余年来，它们影响了广大范围内的宗教建筑形制。

登封“天地之中”历史建筑群类型之多、规格之高、历时之久、内涵之丰富、影响之深远，世所罕见。它们是中国古代礼制、宗教、科技和教育等建筑类型的杰出代表，是中国古代建筑技术和建筑艺术漫长发展的滥觞，更是中国先民独特宇宙观和审美观最真实、最深刻的反映。这组建筑为已消失的传统文化提供了宝贵的实物见证，是一座东方古代建筑艺术殿堂。她的古老与博大、凝练与舒展、沧桑与辉煌，向世人展示着中国古代文化、哲学和建筑艺术的魅丽。

• 黄帝故里拜祖大典 •

黄帝故里拜祖大典是指每年农历三月初三在新郑黄帝故里举行的祭拜轩辕黄帝的隆重典礼。

轩辕黄帝是中华民族的人文始祖，华夏炎黄子孙的共同祖先。新郑是轩辕黄帝的出生地和建都地。相传，农历三月三是轩辕黄帝出生的日子，也是他一统天下、

甲午年黄帝故里拜祖大典

拜祖大典

成就伟业的日子。后人为表达对轩辕黄帝的敬仰之情，每年这一天，都会以不同形式祭拜黄帝。春秋时代的历史典籍中就有三月三登新郑始祖山朝拜黄帝的记载，唐代以后渐成规制，盛世时由官方主拜，乱世时由民间自办，一直绵延至今。自2006年（农历丙戌年）开始，原由新郑市人民政府主办的“炎黄文化旅游节”升格为黄帝故里拜祖大典，至今已成功举办了十一届，吸引了大批海内外炎黄子孙前来寻根拜祖，共同祈福华夏繁荣昌盛，共同祝愿世界和平和谐。

每年的拜祖大典都有一个主题。2006年（农历丙戌年）主题为“盛世中国，和谐社会”；2007年（农历丁亥年）主题为“和谐中原，和谐中国”；2008年（农历戊子年）主题为“共建中华精神家园，祈福北京奥运盛会”；2009年（农历己丑年）和2010年（农历庚寅年）主题均为“同根同祖同源，和平和睦和谐”。

大典仪式一般分为九项：第一项，盛世礼炮；第二项，敬献花篮；第三项，净手上香；第四项，行施拜礼；第五项，恭读拜文；第六项，高唱颂歌；第七项，乐舞敬拜；第八项，天地人和；第九项，祈福中华。九项仪式进行完毕，主持人宣告典礼礼成。

每年，拜祖大典执行委员会都会在保持九项议程不变的情况下，根据年度特色，对其中的环节充实新的元素。比如，2008年增加了奥运元素，2009年在典礼开始前增加了隆重的盛世迎亲仪式，迎亲线路从京港澳高速公路新郑下路口至黄帝故里景区，总长8千米左右。参拜人员有世界五大洲的华人代表、“神舟”飞船航天员、抗震救灾英雄、感动中国人物、抗击雨雪冰冻灾害英模、奥运冠军代表等近2万人。

几乎每年拜祖时，典礼现场都有让人惊喜的天文奇观：丙戌年晴空突现彩虹，当时，中央电视台首次对拜祖大典现场直播，远在1000千米之外的一家上海人在电视上看到大典现场天空出现彩虹的时候，当即决定飞赴新郑敬拜人文始祖；丁亥年祥云悠悠，与地面上的“祥云”元素遥相呼应；戊子年喜降春雨，新郑的老百姓们惊呼黄帝“显灵”了，因为大典举行前一天还晴空万里，而新郑已连续数月滴雨未下，大部分地区都很干旱。

大典催促着游子回家的脚步，黄丝巾萦绕着游子思乡的心。黄帝故里拜祖大典的成功举办，在海内外引起了强烈反响。先后有国内外近千家媒体参与报道大典盛况。中国台湾“中国国民党副主席”江丙坤、“中国国民党荣誉主席”连战、“新党主席”郁慕明、“亲民党主席”宋楚瑜先后归乡拜祖，盛赞这是海内外拜祖活动中最有影响力的世纪经典。

黄帝故里拜祖大典已成为海内外华夏儿女共同的精神家园，也是国家级的民族文化遗产。

• 少林功夫 •

武功作为一种健身、御敌、竞技手段，作为一种人体形态文化或人文现象，在中国早已家喻户晓，成为中华文化的宝贵遗产。而少林功夫又是中国武功中最具鲜明个性、最具宗教文化底蕴，以及最具完整性的武术体系，其历史之悠久、影响之深远，使其成为中国武术中最著名同时又最具神秘感和代表性的主流学派。“天下功夫出少林”，人们一提中国功夫，必称少林。少林功夫是中华功夫的标志和象征，也是郑州的城市名片。

少林功夫不仅仅是由一串拳脚棍棒组成的，它还包含着一种精神，这种精神是由少林寺博大精深的历史所赋予的。“功夫”一词是佛教专用名词，是禅宗参禅、修行的成果。禅乃梵文音译“禅那”，其意译为“弃恶”“功德丛林”“思维修”“静虑”。它的基本含义就是息心静寂地参悟，“外不着相，内不动心”。做“功夫”的目的是为了开悟成佛，超凡入圣；练“功夫”的目的是改善人的品行和素质。少林僧人的习武就是修行。

护国少林

少林功夫即指在嵩山少林寺特定佛教文化环境中历史形成的、以少林寺武僧演练的武术为表现形式，并充分体现禅宗智慧的武术文化体系。在少林寺，有“禅武同源，禅拳归一”之说。禅为武之体，武为禅之用。以禅入武，以武显禅，便可达到武术最高境界，即“禅武合一”。

起源

少林功夫起源于古代嵩山少林寺。公元495年，印度跋陀禅师主持少林寺后，四方学者闻风而至，徒众数百。这样，大量的民间武术者都充当了少林寺的杂役。在跋陀主持少林寺时，就已经有一些会武术或其他技能的青少年剃度为少林寺小和

少林功夫表演

尚了。像惠光和尚，12岁时在洛阳城天街的井栏上反踢毽子，一口气能连续反踢500次，跋陀感到很惊奇，就把他剃度为小和尚，作为自己的弟子。跋陀的弟子僧稠当小和尚时，体质羸弱，常受一些会武术的小和尚的戏弄，后来便发奋练武，居然练得拳捷骁武，体健身灵。少林拳谱中还有跋陀传授方便铲和一路大刀的记载。

北魏孝明帝孝昌年间，印度高僧达摩来到嵩山少林寺传授佛教的禅宗，面壁九年，静坐修心，被尊为中国佛教禅宗的初祖。当年达摩终日静坐，不免筋骨疲倦，又加上在深山老林，要防野兽和严寒酷暑的侵袭。在传经时，他发现好多弟子禅坐时间久了，昏昏欲睡，精神不振。为了驱倦、防兽、健身、护寺，达摩等人仿效我国古代劳动人民锻炼身体的各种动作，编成健身活动的“活身法”传授僧人，此即“少林拳”的雏形。此外，达摩在闲暇时间还练几手用铲、棍、剑、杖等防盗护身的动作，后人称之为达摩铲、达摩棍、达摩杖、达摩剑，以后，他又借鉴鸟、兽、虫、鱼活动的样子，发展“活身法”，创造了一套动静结合的罗汉十八手。后来经过历代僧徒们长期演练、综合、充实、提高，逐步形成一套拳术，达百余种，武术上总称“少林拳”。其中起过重要作用的是元代少林派拳术大师白玉峰、觉远上人、李叟等人，他们精心研究少林拳法，注意拳法的整理和传授，将少林拳中的

少林武僧

“罗汉十八手”发展为七十二手，以后又发展到一百七十三手，第一次系统地整理出一套少林拳法。少林武术的要旨是禅武合一。少林寺是佛教禅宗的祖庭，禅宗以明心见性、顿悟成佛为要旨。在佛门眼中，参禅是正道，拳勇一类乃是末技，僧众们不过是借练功习武达到收心敛性、屏虑入定的目的。同时也可收到健身自卫、护寺护法的效果。

“少林拳”“少林棍”奠定了“禅武合一”的坚实基础，在我国武术发展史上占有重要的一页。

发展

寺院出于生存与自卫的需要，产生了原始的武力。少林寺众多的僧侣和寺院所拥有的财产，为武术的传承与发展提供了特定的环境和群体。少林寺名扬神州，恰是“以武显寺”之结果。跋陀之徒僧稠携艺入寺，为少林寺兴武之始。十三棍僧助唐王，唐王立而封昙宗，是少林寺以武耀世之时。宋代福居和尚邀集全国十八家武林高手，到少林寺交流武艺，是少林武术集大成时。明代抗倭名将俞大猷，伤少林寺武术“已失古人真诀”，而将实用之军中武术传授给宗擎、普从二僧时，少林寺武术与民间武术和军旅武术的交流亦可见一斑。明朝月空和尚率僧众，御边抗倭，战死疆场，表现出少林寺武僧爱国济世

十三棍僧救唐王

的悲壮慷慨。少林寺以其独特的环境和僧众的爱国济世与凡俗武术界的交融，成为中国武术的繁衍、聚散的一方重地。

■ 特色

少林寺因禅拳双修而闻名天下。拳以寺名，寺以拳显。少林拳在历代武僧长期的实践和历史演变下形成了特有的功夫体系，它以朴实无华、刚柔相济、招式多变的实战风格而流传至今。

少林拳的特色是突出一个“打”字，身之收放，步之进退，手之出入起落，一气呵成，手法简洁，清晰明了。套路完全从实战出发，拳打一条线，拳打卧牛之地，屈而不屈，直而不直，滚出滚入，攻守呼应，吞吐相合。拳如流星眼似电，腰如蛇行步赛粘。

少林功夫是一个庞大的技术体系，而不是一般意义上的“门派”或“拳种”。中国武术结构复杂，门派众多，少林功夫以其悠久的历史、完备的体系和高超的技术境界独步天下。根据少林寺内流传下来的拳谱记载，少林功夫套路共有708套，其中拳术和器械552套，另外还有七十二绝技、擒拿、格斗、卸骨、点穴、气功等各类功法156套。现在流传下来的少林功夫套路有200余套，其中拳术100余套，器械80余套，对练等其他功法数十套路。这些内容，按不同的类别和难易程度，有机地组合成一个庞大有序的技术体系。

少林功夫以攻防格斗的人体动作为核心，以套路为基本单位。套路是由一组动作组合起来的。动作设计和组合成套路，都建立在中国古代的人体医学知识上，合乎人体的运动规律。动作和套路讲究动静结合、阴阳平衡、刚柔相济、神形兼备，其中最著名的是“六合”原则：手与足合，肘与膝合，肩与胯合，心与意合，意与气合，气与力合。于是始有“内外交修之旨，身心两修之功”。释永信方丈说：“少林功夫是以禅入武，身心两修，追求的是悟道解脱，成就的是‘不动心’。”

■ 传承

1988年元月，少林武僧团首次公开对外表演；现在武僧团的足迹已经遍及全球。中国功夫使国际友人着迷，使观众目瞪口呆，叹为观止，直呼“不可思议！不可思议！”英国女王伊丽莎白二世慕其名声，特别邀请少林功夫到白金汉宫表演，待之为上宾。少林武僧团在国外演出所到之处无不掀起一波又一波“中国功夫旋风”。2005年5月，美国前国务卿基辛格参观少林寺；2006年3月，时任俄罗斯总统的普京访问少林寺，这些都体现了少林文化的国际影响。

2006年5月20日，少林功夫被国务院公布为第一批国家级非物质文化遗产项目。

• 3600年商都 •

20世纪20年代末，自从在河南安阳发现了商代晚期都城殷墟之后，考古学界就被一个世纪难题困扰着：下一步，该去哪里寻找那个早期的商都呢？

2004年11月5日，长达半个多世纪的考古发掘尘埃落定。根据国家“夏商周断代工程”最新考古成果，郑州以早期商都的身份正式加盟中国八大古都（郑州、安阳、西安、洛阳、开封、杭州、南京、北京）和世界历史都市联盟。

郑州商城在中国文明史上的地位从此确立，郑州身世大白于天下。

郑州商城由外城、内城、宫城和护城河组成，功能完备，布局严谨。其中内城城垣长达7千米，历经3600年风雨，至今仍然挺立在城市中心，不但是我国最早、最大的王都，而且是我国历史上第一座建有城垣的古都。郑州商城的发现不仅在郑州的发展史上具有里程碑意义，而且在中国古代史乃至世界城市发展史上也具有重要意义。在青铜时代，它甚至可与两河流域的巴比伦媲美，是一座世界级的王者之城。

■ 郑亳风流

商代是中国历史上第二个朝代。夏代后期，夏王朝已逐渐衰弱，风雨飘摇。而这时东方的商族则日益富强起来，至汤继位掌事时，更是修德宽民，励精图治，使商逐渐成为一个势力强大、几乎可与夏王朝相匹敌的诸侯国。商汤为取得伐桀灭夏战争的胜利，精心准备多年，选贤任能，和睦邦交，轻刑薄敛，努力营造“诸侯与之，贤士归之”（《墨子·非命篇》）、“百姓亲附，政令流行”的局面，逐步向夏王朝腹心地带发展。

就是从这时起，商人开始了“郑亳”城的营造，并以此为军事基地，进行最后伐桀灭夏的战争准备。郑亳即今天的郑州所在地。“汤始居亳”，商汤之所以在郑亳建都是多种因素决定的，其主要原因是伐桀灭夏战争的需要和郑州“中天而立”的地理位置，以及郑州地区优越的生态环境。郑州商城是我国迄今发现的第一座具有一定规划布局的都城遗址。依据新的考古钻探资料，郑州商城的防御体系是通过城墙和护城河与东部湖泊内的大面积水域构成的。在其西北有荥泽，在东部有圃田泽，两大湖泊之间是一些台地和众多的河流。“商邑翼翼，四方之极。赫赫厥声，濯濯厥灵”，“昔有成汤，自彼氐羌。莫敢不来享，莫敢不来王”。从《诗经》的记载到郑州商城前后存续了100余年的考古事实，均可证明商汤选择在郑亳筑城建都，是具有天下眼光和天下胸怀的战略决策。

商朝的建立，使古代文明的进步获得转机。“汤十一征而无敌于天下”。这一时期，以郑州商城为中心的青铜文明大规模向四周传播，青铜文明的强有力扩展，不仅使商王朝的领域空前延伸，而且带动更为广阔的疆域迈入了以中原文化为正统的青铜时代。

物权起源

绿城前世是商都。商都后来演变为春秋战国的郑都、韩都，但重商的传统却一脉相承，源远流长。

春秋时期，郑国地处中原，万商辐辏，物流通达。有一天，晋国的一位使臣照会郑国执政子产，企图强购一位郑商的名贵玉环。子产回答说：我国与商人世代立有盟誓。如果强夺商人，岂不是让我国背信弃义吗?

子产所提到的与商人的盟誓即郑国先王与商人集团签订的《质誓》：商人不背离祖国，官府不强买强卖。商人合法做买卖，政府不硬性干预。这是中国历史上第一个保护产权、规范市场的法律文献，是奉行重农主义的中华文明中难得的商业基因。与公元前18世纪巴比伦的《汉谟拉比法典》一样，是研究物权和法制经济的重要史证。

国家保护商人，商人效忠国家。这种法制经济不仅推动了郑国的自由贸易，为社会积累了财富，也唤醒了商人的公民责任，获得了商人对于国家的忠诚。

今日商魂

往事越千年，在改革开放大潮的有力叩击下，商魂苏醒了，改变中国命运的现代商业文明猛然崛起，郑州的商都血统进一步彰显。

20世纪90年代初，郑州亚细亚商场开创中国连锁经营之先河，围绕二七广场的几个大型商场，打响了影响深远的商业零售业改革第一枪，史称“郑州商战”。郑州成为中国商贸改革的策源地。

1997年，国家五部委正式批准郑州为我国三大商贸中心改革试点城市之一。

这是新时代的变奏曲，也是对古老商都文化的复兴。目前，郑州已建成500多个不同行业、不同属性的商品市场，其中全国性的批发市场和交易市场就有20多个，无论市场数目、规模还是销售额，均位居全国前列。其中郑州商品交易所是全国粮油交易的信息中心、价格中心和远程交易中心，它所产生的“郑州价格”不仅指导着我国粮食的流通和生产，也纳入了全球报价体系，是国际小麦和棉花价格的重要指标。

每年在郑州举办的各类全国性、区域性、专业性交易会、博览会和洽谈会上百次。国内外万余家商贸机构在郑州设有办事处或经营场所。

抢滩郑州，逐鹿中原，得中原者得天下，已成为当今商界共识。作为中原崛起的排头兵、中原城市群的核心城市，以及全国经济要素流动的加速器，具有3600年历史的商都郑州正在中华民族伟大复兴的号角声中，努力建设成为国家中心城市。

• 二七名城 •

在距郑州火车站不远的繁华商业区——二七商圈中心，矗立着一座仿古联体双塔。塔顶建有钟楼，六面大钟整点报时演奏《东方红》乐曲，钟声绵延数千米。塔内陈列有“二七”大罢工的各种历史文物、图片、文字资料。

这就是郑州的地标性建筑——二七纪念塔，它建于1971年，是为纪念京汉铁路工人大罢工而修建的。

■ 铁路先锋

京汉铁路纵贯南北，是连接华北和华中的交通命脉；陇海铁路横贯东西，是西进东出的快速通道。京汉铁路、陇海铁路交会于中原，使郑州一下子跃居中国铁路先锋的地位。

二七广场

1921年春，共产主义小组成员赵子健来到铁路枢纽郑州，在工人中传播新思想。不久，中国共产党的创始人之一李大钊也来到郑州，给工人讲革命道理，讲团结的力量。当年8月，郑州铁路工人俱乐部成立。1922年，郑州已成为全国工人运动的中心之一。

1922年4月9日，京汉铁路各工团代表在长辛店召开发起成立全路总工会的筹备会。8月10日，京汉铁路总工会第二次筹备会议在郑州召开，黄河两岸及豫南、豫北14位铁路工人代表参加会议，起草了“京汉铁路总工会章程”，定于9月20日前在郑州成立总工会。

为支援长辛店工人反对工头压迫和争取工人权利的罢工斗争，郑州京汉铁路工人在党组织领导下，于8月25日、26日举行了同盟罢工。同时，许昌、郾城、信阳等地也积极响应。陇海铁路工人发表声明，支持京汉铁路长辛店工人的罢工，“如三日内不答复工人的要求”，陇海铁路工人将一致以罢工支援。长辛店罢工胜利后，郑州铁路工人举行了盛大的庆祝活动。

铁血风华

1923年1月5日，京汉铁路总工会第三次筹备会议在郑州召开。会议决定2月1日在郑州普乐园剧场（今二七纪念堂处）召开铁路总工会成立大会。参加大会的有各铁路工会代表、武汉30多个工会的代表，以及北京和武汉等地的学生代表近300人齐聚郑州。中共中央对这次大会非常重视，派出了张国焘、陈潭秋、罗章龙、包惠僧、林育南等人出席大会。2月1日上午，军阀吴佩孚派出大批荷枪实弹的军警在郑州全城戒严，下令禁止召开京汉铁路总工会成立大会。但是，参加会议的工人代表不顾生死，冲破军警的重重包围，高呼“京汉铁路总工会万岁”“劳动阶级胜利万岁”等口号，在郑州普乐园剧场举行大会，宣布京汉铁路总工会成立。当天，全副武装的军警严密地包围了会场，强行解散会议，捣毁总工会和郑州分会会所，并驱赶代表。当晚，京汉铁路总工会执委会秘密召开会议，决定将总工会临时总办公处转移到汉口江岸，并决定全路自2月4日起举行总罢工。

2月4日，全路两万多工人举行大罢工，1200千米铁路顿时瘫痪。2月7日，吴佩孚调动两万多军警在京汉铁路沿线镇压罢工工人，制造了震惊中外的“二七惨案”。大罢工中，工人52人牺牲，300余人受伤。二七大罢工的主要领袖林祥谦、施洋等被俘遇害。

郑州火车编组站

帝国主义和反动军阀于1926年10月15日，又杀害了郑州分会负责人汪胜发、司文德，并把二位烈士的头颅悬挂在“长春桥”（今二七纪念塔地址）的电线杆上。

京汉铁路工人二七大罢工是中国共产党领导的第一次工人运动的高潮，是中国工人运动史上光辉的一页。它展示了中国工人阶级登上历史舞台的勃勃英姿，进一步扩大了共产党在全国人民中的政治影响，也奠定了郑州作为二七名城的历史地位。

■ 二七纪念塔

为了纪念这次中国现代史上影响深远的工人运动和“二七”烈士，1951年，郑州市在原“长春桥”旧址附近修建了二七广场，当时场内建有一座15米高的木制纪念塔。1971年改修成现在具有中国民族特点的塔式建筑。

二七纪念塔是郑州市的重要标志。血与火的时代渐行渐远，而新的城市故事还在精彩演绎。

二七纪念塔承载着郑州的光荣，见证了商都的迅猛发展。今天，二七纪念塔所在的二七广场周边已成为二七商圈，四周密集排列着华联商厦、商城大厦、百货大楼、亚细亚商场、 国际友谊广场、正弘名店、金博大商城、丹尼斯商场、郑州购书中心等大型商场和数百家中小型商店、餐饮店，是河南省最大、最具代表性的商业中心。尽管时代变迁，当年惊涛骇浪早已被歌舞升平所取代，但二七纪念塔所记载的铁路工人光荣历史，却仍然是闹市中的视觉中心，历经风雨，依然熠熠生辉。

老郑州人说，郑州是火车拉来的城市。今日郑州，不仅稳居“中国铁路心脏”的优势地位，而且集全国重要的铁路港、公路港、航空港、信息港于一体。郑州北站成为亚洲最大的列车编组站，而今，一个新的金十字铁路枢纽——贯通中国东西南北的高速铁路客运站正在郑东新区崛起。

二七精神不泯，铁路雄风依然激荡着这片光荣的土地！

• 国家中心城市 •

■ 航空港区

2013年3月7日，国务院批复《郑州航空港经济综合实验区发展规划（2013–2025年）》，标志着中国首个国家级航空港经济实验区正式设立。郑州航空港经济综合实验区，简称郑州航空港区，这是中国首个国家级航空港经济综合实验区，规划面积415平方千米，是集航空、高铁、城际铁路、地铁、高速公路于一体的综合枢纽，是以郑州新郑国际机场附近的新郑综合保税区为核心的航空经济体和航空都市区。

郑州航空港区战略定位是国际航空物流中心、以航空经济为引领的现代产业基地、内陆地区对外开放重要门户、现代航空都市、中原经济区核心增长极；发展目标是到2025年，建成具有国际影响力的实验区，形成引领中原经济区发展、服务全国、连通世界的开放高地。国家在口岸通关、航线航权、财税金融、土地管理、服务外包等方面给予实验区政策支持。

2016年3月，郑州航空港区列入《中华人民共和国国民经济和社会发展第十三个五年规划纲要》。2016年5月，郑州航空港区被国务院列为全国首批大众创业万众创新示范基地。

郑州航空港以空港为核心，两翼展开三大功能布局，整体构建“一核领三区、两廊系三心、两轴连三环”的城市空间结构。郑州航空港区将被打造成为中原经济区发展的引擎和国家内陆开放高地，而且未来的实验区将是一个宜居、生态、绿色、环保等为一体的“新都市”。到2025年，郑州航空港经济综合实验区将成为“大枢纽”——航空货邮吞吐量达到300万吨左右，跻身全国前列，国际航空货运集散中心地位显著提升；拥有“大产业”——形成创新驱动、高端引领、国际合作的产业发展格局，与航空关联的高端制造业主营业务收入超过10 000亿元；建成“大都市”—营商环境与国际全面接轨，建成进出口额达到2000亿美元的现代化航空都市，成为引领中原经济区发展、服务全国、连通世界的开放高地。

■ 铁路枢纽

郑州被称作“火车拉来的城市”，

清末朝廷大臣盛宣怀勘察卢汉铁路时，将郑州站辟为甲等火车站，直接影响了郑州近现代的发展进程。陇海、京广线的十字交会，让郑州一直处于全国铁路交通枢纽地位。郑州铁路枢纽是京广铁路、陇海铁路（新欧亚大陆桥）两大铁路大动脉，和京港高铁（世界最长的高铁线路）、徐兰高铁（新欧亚大陆桥）两大时速350千米及以上高铁交通大动脉的交会点，是沟通南北，连贯东西的交通要冲，居于全国路网中心的重要位置上，素有“中国铁路心脏”之称，具有重要的战略地位。

郑州铁路枢纽包括：郑州站、郑州东站、郑州北站、圃田西站、郑州西站、郑州南站。郑州站为亚洲最大的特等客运站之一，陇海铁路、京广铁路交会处。郑州东站为亚洲最大的高铁特等客运站之一，是京广高铁、徐兰高铁以及郑济高铁、郑合高铁、郑渝高铁、郑太高铁八个方向的交会处。郑州北站是特等站，亚洲最大的火车编组站。圃田西站原郑州货运东站，高铁东站建成以后改名圃田西站，是特等站、货运站，是亚洲最大的货运站之一，是郑欧班列的起点，从这里发出的货物运往欧洲各地。郑州南站是为了缓解郑州东站的压力，引入郑渝高铁和郑合高铁，为高铁一等客运站，位于郑州机场南边。郑州西站是高铁站，2015年12月18日通车。郑州市区境内现坐拥四个特等站，一个一等站。其中三个高铁站，一个普通火车站，一个货运站，一个编组站。米字型高铁建成后，以郑州为中心两小时可到石家庄、西安、济南、合肥、南京、太原，三小时可到北京、武汉、青岛、天津，四小时可到长沙、南昌、杭州、上海、重庆，六小时可到广州、沈阳、福州、深圳、南宁、贵阳、成都、兰州、银川，八小时可到哈尔滨、长春。

国家自贸区

中国（河南）自由贸易试验区［China（Henan）Pilot Free Trade Zone］，简称河南自由贸易区或河南自贸区，是中国政府设立在河南的自由贸易区，位于河南省郑州市、洛阳市、开封市境内。2016年8月31日，国务院决定设立中国（河南）自由贸易试验区。

根据规划，河南自贸区以郑州为主，包括郑州、洛阳、开封三个片区，网内网外相结合，一区多片分层推进，总面积140.24平方千米，其中郑州片区81.9平方千米，洛阳片区27.8平方千米，开封片区

30.54平方千米。河南自贸区范围涵盖郑州航空港经济综合实验区、中原国际陆港、郑东新区金融集聚区、郑州新郑综合保税区、郑州出口加工区、河南保税物流中心、国家郑州经济技术开发区、国家洛阳经济技术开发区、国家开封经济技术开发区等九个海关特殊监管区域。

河南自贸区建设与打造贯通南北、连接东西的现代立体交通体系和现代物流体系相结合，以促进流通国际化和投资贸易便利化为重点，以国际化多式联运体系、多元化贸易平台为支撑，打造对外开放高端服务平台，发展成为“一带一路”倡议核心腹地。2014年9月25日召开的中国（河南）现代服务业开放合作洽谈会上，郑州航空港经济综合实验区管理委员会与德国帕希姆国际机场保税区管理公司签署跨境保税区战略合作框架协议。随着协议的实施，郑州综合保税区将借道“帕希姆保税区”，实现像上海自由贸易区一样的“自由贸易区”功能。

■ 获批“国家中心城市”

国家中心城市是现代化的发展范畴，是居于国家战略要津、体现国家意志、肩负国家使命、引领区域发展、跻身国际竞争领域、代表国家形象的特大型都市。2005年，国家有关部门编制《全国城镇体系规划》时，首次提出建设国家中心城市这一概念，它改变了中国传统的直辖市、省会城市、地级市、县级市的城镇体系格局，使“中心城市”成为全国城镇体系金字塔的“塔尖”。此后逐步进入国家中心城市视野的城市有：北京、天津、上海、广州、重庆、成都。2016年12月，国家发改委印发《促进中部地区崛起“十三五”规划》中，第六章节明确提出，支持武汉、郑州建设国家中心城市。

其中，国家中心城市对于郑州的定位是：中国中部地区重要的中心城市，国家重要的综合交通枢纽，中原经济区核心城市，“一带一路”核心节点城市。发展成为国际化航空大都市，国际商都，国际物流中心，国际性工商业中心，全国区域性金融中心和现代服务业中心，全国先进制造业和高新技术产业基地，国际化旅游城市。